Nelli Bangert

Nach-hall-tig leben

NELLI BANGERT

Nach-hall-tig leben

Verschenke dich voller Liebe in das, was ewig bleibt

Inhalt

»Denn wer sich an sein Leben klammert, der wird es verlieren. Wer aber sein Leben für mich aufgibt, der wird es für immer gewinnen.«

Jesus

Matthäus 16,25 (Hoffnung für alle)

Für meine Oma Helene Löwen,
die ewige Spuren in meinem Herzen hinterlassen hat.
Wir sehen uns bei Jesus wieder!

Vorwort

Ein Leben mit großer Reichweite. Eine Followerzahl mit vielen Nullen. Eine Person, über die unzählige Biografien geschrieben werden. Eine Präsenz, die große Bühnen füllt. Bekannt in vielen Ländern, übersetzt in noch mehr Sprachen. Ein Leben, das im Hinblick auf Effizienz und Effektivität sein Potenzial ausschöpft. Ein Leben für die Generationen. Das alles meine ich *nicht*, wenn ich von einem nach*hall*tigen Leben spreche. Ich spreche nicht unbedingt von einem Leben, das die Größenordnung „Legende" anstrebt und alles dafür tut, diese auch zu erreichen.

Ich meine ein nach*hall*tiges Leben, das schon im Kleinen nachhalltig ist. Das nicht um der Bekanntheit willen die Bühne sucht, sondern im Stillen liebt und lebt und dadurch schöne, tiefe Spuren hinterlässt. Wenn ich darüber nachdenke, wer mich nachhaltig geprägt hat, habe ich gleich meine Oma vor Augen.

Wenn ich an meine Oma denke, dann sehe ich sie auf dieser gestrickten Decke auf ihrer Couch sitzen. Eine rundliche Wohlfühloma in einem einfachen Kleid, die weißen Haare zu einem Dutt hochgesteckt und eine große Hornbrille auf der Nase. Sie war keine Frau, die viele Worte gemacht hat, doch sie strahlte immer diese Ruhe, diesen samtweichen Frieden aus. Sie liebte uns Enkel über alles. Immer wieder steckte sie uns einen Euro zu, damit wir uns etwas Schönes kaufen konnten. Sie gab von Herzen gern. Auch wollte sie immer Lieder mit uns singen – diese alten Choräle „Welch ein Freund ist unser Jesus“ oder „Seligstes Wissen, Jesus ist mein“. Und wir haben so oft mit ihr gesungen ...

Meine Oma liebte Jesus und sie liebte uns. Eine tiefgläubige Frau, die ich bis heute vermisse. Ihre Jesus-Liebe und ihr Vertrauen haben mich beeindruckt – auch ohne, dass ich das als Teenie so klar reflektiert hätte. Ihr Leben war klein und beschaulich. Dennoch: Sie führte ein nach*hall*tiges Leben, ein Leben, dessen Auswirkungen bis in die Ewigkeit hineinreichen.

Und von so einem oder ähnlich nach*hall*tigen Leben schreibe ich in diesem Buch. Ein Leben, das Segensspuren im Leben anderer Menschen hinterlässt. Ein Leben, das Gott ehrt und das in das Leben von anderen hineinstrahlt.

Begibst du dich gemeinsam mit mir auf die Suche nach diesem Leben, das nachhallt und bleibende Spuren hinterlässt? Lass uns entdecken, was einem Leben diese tiefe Reife und diese Schönheit verleiht, die ewig bleibt. Dafür habe ich mein Buch in drei Teile aufgeteilt: 1. Liebe Gott. 2. Liebe dich selbst. 3. Liebe deinen Nächsten. Denn ich glaube: Ohne gelebte Liebe wird unser Leben keine ewigen Spuren hinterlassen. „Selbst wenn ich all meinen Besitz an die Armen verschenke und für meinen Glauben das Leben opfere, aber habe keine Liebe, dann nützt es mir gar nichts“ (1. Korinther 13,3; Hfa). Aber alles, was aus Liebe geschieht, bleibt ewig.

Deine Nelli

Liebe Gott

Himmlischer Reichtum

Sammelt eure Reichtümer im Himmel,
wo sie weder von Motten noch von Rost
zerfressen werden und vor Dieben sicher sind.
Denn wo dein Reichtum ist,
da ist auch dein Herz.

Matthäus 6,20–21 (Neues Leben)

„Das letzte Hemd hat keine Taschen." Ein Sprichwort, das daran erinnert, dass kein Mensch am Ende seines Lebens materielle Dinge in das ewige Leben mitnehmen kann. Weder bringt es irgendwas, den Sarg bis obenhin mit Geld zu füllen, noch die Lieblingskleidung, wertvollen Schmuck oder das modernste Smartphone hineinzupacken – und auch der PS-starke Sportwagen passt nicht in den Sarg. Das Haus schon gar nicht. Es ist einfach so: Am Ende des Lebens verliert sehr vieles an Wert, das in materieller Hinsicht von hohem Wert war. Alle materiellen Dinge bleiben auf dieser Seite des Lebens zurück. Und eigentlich ist sich auch jeder dessen bewusst, denn jeder muss einmal sterben.

Zu biblischen Zeiten wurden Personen wie Abraham und Noah zwar älter als die heutigen Menschen, aber auch sie sind irgendwann gestorben. Selbst das Leben von Methusalem, der nach Aussage der Bibel 969 Jahre alt wurde, hat einmal geendet. Ich habe mich oft gefragt, wie die Seele eines Menschen ein so langes Leben ertragen kann. Er scheint ungemein resilient gewesen zu sein. Die älteste Frau unserer Zeit war Jeanne Calment. Die Französin wurde 122,5 Jahre alt*, und das ist für unsere Zeit wirklich überdurchschnittlich alt. Es ist also kein Geheimnis, dass jeder Mensch einmal stirbt.

Und trotzdem: Wenn ich mir unsere Welt anschaue, bekomme ich den Eindruck, als sei diese Information doch nicht so verbreitet. Unzählige Menschen schuften und arbeiten, um zu möglichst viel Wohlstand zu kommen. Zweifellos haben diese vergänglichen Besitztümer auf dieser Seite des Lebens einen enormen Wert. Hinzu kommen anerkennende Blicke, viele Freunde, Ansehen, Ruhm: All das erlangen Menschen durch und mit ihrem Reichtum zusätzlich, wenn auch dieser Ruhm und der Status viel stärker am Haben hängt als an der Persönlichkeit an sich. Schwindet der Reichtum, schwinden häufig auch die anerkennenden Blicke und die vielen „Freunde".

Wir haben die Wahl, auf welchen Reichtum wir setzen: Genügt es mir, ein Leben aufzubauen, das – statistisch gesehen – gut 80 Jahre von Bedeutung ist, oder denke ich heute schon an morgen und setze auf einen Reichtum, der für alle Ewigkeit Bestand hat?

Ich weiß noch, als wäre es erst gestern gewesen: Ich saß mit meiner Schwester und meiner Cousine in deren Wohnzimmer und wir lasen zusammen in der Bibel – im 3. Kapitel des 1. Korintherbriefs. Paulus erzählt hier davon, dass jeder von uns sein Leben baut. Es kann äußerlich toll aussehen und Eindruck machen. Aber inwiefern es wirklich trägt und ewig von Bestand ist, das wird erst nach dem Leben auf dieser Erde sichtbar. In 1. Korinther 3,13–14 heißt es: „Doch an dem Tag, an dem Christus sein Urteil spricht, wird sich zeigen, womit jeder gebaut hat. Dann nämlich wird alles im Feuer auf seinen

* https://www.statistik-bw.de/Service/Veroeff/Monatshefte/20200402

Wert geprüft, und es wird sichtbar, wessen Arbeit den Flammen standhält. Hat jemand fest und dauerhaft auf dem Fundament Christus weitergebaut, wird Gott ihn belohnen" (Hfa).

Hier geht es nicht um die Frage, inwiefern ein Mensch sein Leben mit Gott verbringen darf oder nicht. Hier geht es um die Frage, ob ich in meinem Leben auf dieser Erde Schätze für die Ewigkeit gesammelt habe. All das Materielle hat für die Ewigkeit keine Bedeutung mehr. Deshalb die Frage: Gibt es in meinem Leben Dinge, die tatsächlich Bestand haben? Baue ich mein Leben mit „Materialien", die ewig halten? Dieser Moment im Wohnzimmer meiner Cousine hat mich tief berührt. Ich habe damals verstanden, dass ich mein Leben nicht auf Dinge setzen will, die vergänglich sind und mir am Ende keinen Halt geben. Nein, ich will auf Dinge setzen, die unzerbrechlich sind. Ich will unzerbrechliche Schätze im Himmel sammeln und schon hier auf der Erde entsprechende Prioritäten setzen.

Genau dazu werden wir auch in Matthäus 6,19–21 (NL) ermutigt: „Sammelt keine Reichtümer hier auf der Erde an, wo Motten oder Rost sie zerfressen oder Diebe einbrechen und sie stehlen können. Sammelt eure Reichtümer im Himmel, wo sie weder von Motten noch von Rost zerfressen werden und vor Dieben sicher sind. Denn wo dein Reichtum ist, da ist auch dein Herz." Ein sehr anschauliches Bild: Gleichgültig, wie kostbar Kleidung oder Häuser oder Autos sind, sie werden einmal vergehen. Ganz egal, ob sie nun von Motten gefressen werden oder durch Rost an Wert verlieren oder durch Kriege zerstört werden: Materielle Dinge haben keinen ewigen Wert, sie sind nur für eine ganz bestimme Dauer nutzbar. Ich glaube nicht, dass Jesus, der diese Bergpredigt vor vielen Zuhörerinnen und Zuhörern hält, etwas gegen materielle Güter hat. Aber er hat etwas dagegen, wenn diese Dinge uns besitzen. Wenn wir unseren Fokus nur darauf richten und die wirklich wichtigen Dinge aus den Augen verlieren. Er ermutigt dazu, sie zwar zu nutzen und auch zu genießen, aber das Herz nicht an diese Dinge zu hängen, weil sie am Ende vergehen werden. Jesus bringt es auf den Punkt, wenn er sagt, dass dort unser Herz ist, wo unser Schatz ist.

An anderer Stelle erzählt er das Gleichnis vom reichen Kornbauern, der nur darauf bedacht ist, immer reicher zu werden und sich in seinem Reichtum zu sonnen und ihn zu genießen, anstatt zu teilen (Lukas 12,16–21). Sein Leben endet „plötzlich und unerwartet" – und er kann nichts von all dem Reichtum mitnehmen. Deshalb lädt Jesus ein, bei Gott reich zu sein und im Himmel Schätze zu sammeln und das eigene Leben nicht kurzsichtig und egoistisch zu gestalten.

Eine krasse Geschichte. Wenn ich darüber nachdenke, sehe ich einen übergewichtigen Kornbauern vor mir, dessen Hemd über seinem Bauch spannt. Er genießt und isst und lässt es sich gut gehen, anstatt das Brot und den Kuchen mit anderen Menschen zu teilen. Und welche tollen Feste hätte er feiern können! Wie viel Freude hätte er erleben können!

Jesus hat wie gesagt nichts gegen Reichtum und gegen materielle Güter, aber er warnt davor, das Herz an diese Dinge zu hängen. Wenn ich mein Herz an vergängliche Dinge hänge, wird es mir das Herz brechen, wenn diese Dinge zerbrechen. Viel klüger ist es da, auf Christus und auf den Himmel zu setzen. Das wird nicht nur meine Zukunft im Himmel prägen, sondern auch mein Leben im Hier und Heute.

Doch jetzt habe ich schon so viel darüber geschrieben, dass wir im Himmel Schätze sammeln sollen – wie geht das eigentlich?

Ich glaube, dass es eigentlich ganz einfach ist, Schätze im Himmel zu sammeln. Diese „Schätze", das sind all die

Momente, in denen ich zum Beispiel gemeinsam mit Jesus Gutes tue: einen Kuchen für das Senioren-Café backe, der Verkäuferin ein Lächeln schenke, Monat für Monat ein Waisenkind unterstütze, einer Freundin zuhöre, mit einem Kind spiele, Menschen ermutige, mein Haus für Freunde und Fremde öffne, von Jesus erzähle, Zeit mit Jesus verbringe, in der Bibel lese, Ängste überwinde, weil er mir Kraft schenkt, mich für Gottes Sache einsetze, gute Prioritäten setze und darüber mit Menschen ins Gespräch komme – eben mit Blick auf die Ewigkeit lebe und auf Dinge setze, die unvergänglich sind. Auf meine Beziehung zu Jesus und mein ewiges Zuhause bei ihm. Mit dem Himmel im Herzen bekommt mein Leben eine ganz neue Perspektive. Und vielleicht relativiert sich dadurch auch die Bedeutung, die Reichtum und Erfolg und vieles andere für mich haben. Mit dem Himmel im Herzen bin ich offen für das, was ewig ist, und ermutigt, das Unvergängliche viel stärker in den Blick zu nehmen.

Das Ewige hat Bestand – auch über den Tod hinaus. Das Ewige ist unvergänglich. Wenn ich also mein Herz an den hänge, der selbst ewig ist – Jesus Christus –, wird auch mein Leben unvergänglich sein. Ich werde immer tiefer in meinem Herzen verstehen, was Christus wichtig ist, und dementsprechend mein Leben gestalten und bauen. Und dadurch werde ich wiederum meine Schätze im Himmel sammeln.

Ich bin sicher, dass es mir den Atem verschlagen wird, wenn ich zum ersten Mal im Himmel stehe. Dafür gibt es keine Worte. Es wird einfach nur atemberaubend sein. Aber irgendwie, so denke ich, wird es auch unheimlich schön sein, wenn Jesus jedem von uns dann die gesammelten Schätze zeigen wird. Wie er sie uns präsentieren wird – keine Ahnung. Vielleicht wird er sie uns einfach vorlesen, vielleicht präsentiert er sie uns in Form von himmlischem Schmuck, vielleicht als Auszeichnung, die wir uns in die himmlische Wohnung hängen dürfen. Keine Ahnung. Aber es gibt eine Sache, derer ich mir ganz sicher bin: Spätestens im Himmel ist jeder Konsumgedanke und jedes „Mehr-haben-Wollen" vollkommen gestillt. Wie kann ich mich dann überhaupt über Schätze im Himmel freuen? Keine Ahnung! Aber was ich weiß, ist: Ich werde mich ohne Ende über diese himmlischen Schätze freuen. Ich werde erkennen können, welche ewigen Spuren ich im Leben von anderen hinterlassen habe. Ich werde begreifen, dass Jesus jede einzelne Tat, jeden einzelnen Moment, jedes einzelne Opfer, jedes einzelne Gebet, jede einzelne Träne für andere Menschen, jede einzelne Träne auch in meiner Hingabe und Nachfolge gesehen und wahrgenommen und gespeichert hat. Nichts vergisst er, denn das alles sind Schätze für die Ewigkeit. Mein Leben im Hier und Heute hat Konsequenzen für mein Leben im Himmel. Und deshalb spielt es eine Rolle, ob ich mein Leben mit Blick auf die Ewigkeit lebe oder nicht.

Hand aufs Herz

- Wie wichtig sind dir materielle Dinge?
- Sei ehrlich: Woran hängt dein Herz?
- Sammelst du Schätze für die Ewigkeit? Welche sind das?

» Gesegnete Leute hinterlassen keine Schlagzeilen, sondern Spuren für die Ewigkeit. «

Peter Hahne

Loslassen und doch gehalten

Ich sage euch die Wahrheit: Ein Weizenkorn, das nicht in den Boden kommt und stirbt, bleibt ein einzelnes Korn. In der Erde aber keimt es auf und bringt viel Frucht, obwohl es selbst dabei stirbt. Wer an seinem Leben festhält, wird es verlieren. Wer aber sein Leben in dieser Welt loslässt, wird es für alle Ewigkeit gewinnen.

Johannes 12,24–25 (Hoffnung für alle)

Schau dir doch mal deine Hände genau an. Was fällt dir dabei auf? Vielleicht eine kleine Narbe oder ein Muttermal? Vielleicht auch, ob deine Fingernägel ordentlich manikürt sind? Oder du bemerkst die Ringe, die deine Finger zieren? Die feinen Linien, die über deine Handflächen laufen? Das sind deine Hände. So wie sie jetzt gerade sind. Mit diesen Händen kannst du ängstlich klammern oder auch vertrauensvoll loslassen – auch in übertragenem Sinne. Was du auch tust: In beiden Fällen entscheidest du dich für einen Weg.

Viele Menschen entscheiden sich dafür, sich ängstlich mit ihren Händen und auch ihrem Herzen an ihr eigenes Leben zu klammern. Sie fürchten sich davor, dass Dinge passieren, die sie einfach nicht kontrollieren können. Dass sie krank werden, ihre Arbeitsstelle verlieren. Dass sie in eine Krise geraten, die ihnen das glückliche „gute Leben“ entreißt. Und im schlimmsten Fall fürchten sie sich davor, dass ihnen oder einem ihrer Lieben verfrüht das Leben geraubt wird.

Ja, am Ende hat jeder Mensch nur das eine kleine Leben geschenkt bekommen, das er möglichst lange in den Händen halten will. Aber die Wahrheit finden wir in Matthäus 16,25 (Hfa): „Denn wer sich an sein Leben klammert, der wird es verlieren. Wer aber sein Leben für mich aufgibt, der wird es für immer gewinnen." Sehr unbequeme Worte, die aber gerade auch für die Zeit, in der wir leben, relevant sind, oder? Denn wenn ich ehrlich bin, denke ich tief in meinem Herzen schon häufig, dass ich einen Anspruch auf mein Leben habe, dass mein Leben mir gehört, ich mein Leben so gestalten darf, wie ich es will. Und ich vermute, dass die allermeisten Menschen genauso denken: *Mein Leben gehört mir.* Und wenn dann noch Ruhm, Reichtum und Macht dazukommen, dann hat man doch wirklich das Beste aus seinem Leben herausgeholt, oder?

Jesus hat diese Sichtweise in seinem eigenen Leben auf den Kopf gestellt. Anstatt ängstlich zu klammern, ließ er los. Auf eine so konsequent selbstlose und hingebungsvolle Weise, sodass mein Herz davon tief berührt wird. Er lebte seine 33 Jahre auf unserer Erde unter Menschen, die ihr Leben kontrollieren und festhalten wollten, entschied sich aber selbst für einen anderen Weg. So oft ließ er los: Er wurde weder in gemütlichen, sauberen Räumlichkeiten geboren, noch verlief sein Leben so wie das Leben seiner Brüder und Freunde. Sie trafen hübsche Frauen, entschlossen sich zu heiraten, bekamen Kinder – und währenddessen gestaltete Jesus seine Jugend und seine Jungerwachsenenzeit als Single. Vielleicht kam er sich auch manchmal wie das berühmte fünfte Rad am Wagen vor, fühlte sich überflüssig in einer Gemeinschaft, wo andere nur Augen für die große Liebe hatten.

Wir lesen im Neuen Testament auch nirgends, dass er Reichtümer anhäufte oder große Lebenspläne schmiedete.

Im Gegenteil. Er unterstellte sein Leben völlig dem Auftrag seines Vaters, unter den Menschen zu leben und dann für diese Menschen zu sterben, die so voller Sorge und Angst um ihr eigenes Leben waren. Und er wusste von Anfang an genau, was seine Mission war – er musste dafür nicht extra einen Berufungsworkshop besuchen: Er lebte, um den Menschen einen Vorgeschmack auf Gottes Reich zu geben und dann für ihre Schuld zu sterben. Er lebte gewissermaßen mit offenen Händen und führte konsequent ein Leben, in dem er losließ – nicht nur seine Rechte, Ideale, Träume, sondern auch das Leben an sich.

Loszulassen kostet viel – Jesus kostete es alles. Obwohl er seine Mission genau kannte, ging er doch nicht ganz unberührt von Schmerz und Herausforderungen durchs Leben. Alles erlebte er intensiv und hautnah.

Die Evangelien geben uns einen kleinen Einblick in das, was er in diesen bedrängten Zeiten gefühlt hat: Angst, Trauer, Zorn und viele andere Emotionen. Er war genauso wie wir aus Fleisch und Blut und lebte und fühlte das Leben, so wie auch wir es tun. Da gab es keine heilige Schutzglocke, die die Brutalität des Leidens von ihm fernhielt. Auch keinen Hypnosezustand, der ihm half, Leiden irgendwie leichter zu bewältigen. Nein, das Leben in all seiner Intensität musste auch von Jesus gelebt werden. Ich könnte mir vorstellen, dass Jesus sich immer wieder bewusst unter Gottes Willen stellen musste, wenn der Gegenwind zu heftig war. Er war herausgefordert, immer wieder vertrauensvoll Gottes Nähe zu suchen, um sich von ihm Kraft und Liebe für diesen existenziell fordernden Auftrag geben zu lassen. Ohne die Verbindung zu seinem himmlischen Vater hätte er es nicht geschafft, dafür stand seine Mission so völlig im Widerspruch zur Natur des menschlichen Herzens. Aber durch Gottes Gnade und Gottes

Kraft blieb Jesus seinem Auftrag treu – er ließ seine Wünsche und Träume los, um seinem Auftrag nachzukommen, Menschen zu retten und sie von Sünde und Leid zu befreien.

Der Höhepunkt dieses großen „Loslassens" war sein Sterben. Für uns Menschen. Natürlich wissen wir, dass sein Sterben und Auferstehen die Basis unserer Jesus-Nachfolge ist, zweifellos haben wir das schon oft gelesen und gehört und uns irgendwie auch daran gewöhnt. Dennoch ist es wichtig, dass wir uns diesen Akt der Gnade immer wieder bewusst machen: *Jesus ist für mich gestorben. Damit ich leben kann.* Sein Sterben war kein sanftes Entschlafen, kein gelassenes Ableben in völliger Ruhe, wie wir Menschen uns vielleicht einen „schönen Tod" erhoffen. Nein, sein Sterben war ein brutaler Mord. Ein Sterben, das durch und durch den Geist einer Folterung in sich trug. Ein stundenlanger Lebenskampf unter schrecklichen Schmerzen, dem dann irgendwann nach furchtbarem Leiden der letzte Atemzug folgte. Das letzte Aufbäumen der Seele, ein lauter Schrei in Gottes Richtung: „Warum hast du mich verlassen?" Sein Sterben – herzzerreißend! Alles andere als ein friedlicher Tod!

Jesus lässt sein Leben los – ein Schritt, der Himmel und Erde erbeben lässt. Der Vorhang im Tempel zerreißt von oben nach unten in zwei Teile. Und dieser Vorhang ist kein leichtes, dünnes Tuch – es ist ein schwerer, ein Handbreit dicker, etwa 18 Meter hoher und 9 Meter breiter Stoff, der das Allerheiligste abtrennt, das nur vom Hohepriester selbst betreten werden darf. Der Vorhang zerreißt – als Sinnbild dafür, dass der Körper von Jesus zerrissen wurde. Als Sinnbild dafür, dass wir nur durch das Sterben von Jesus wieder ganz persönlichen Zugang zu Gott haben. Nur durch das Sterben von Jesus darf ich jederzeit direkt zu Gott gehen und Zeit mit ihm verbringen. Das ist ein Geschenk, ein Wunder, reine Gnade!

Wir dürfen befreit und geliebt mit Gott leben. Jesus trug die Schattenseiten des Lebens ans Kreuz: unsere Sünde, unser Leiden, all unsere Verzweiflung über zerplatzte Träume, unbeantwortete Sehnsüchte und jede Ungerechtigkeit in dieser Welt. Durch seinen Tod am Kreuz werden wir heil. An diesem Ort, an dem er für uns starb, wird unsere Seele frei und lebendig. Durch seinen Tod am Kreuz können wir voller Freude leben – auch wenn unser Leben nicht vollkommen ist. Aber durch das Kreuz bekommt unser Leben eine tiefe Kraft, die jeden Mangel ausfüllt.

Aber vor allem bekommen wir dadurch eine ewige Hoffnung. Der Tod mit all seinem Leid und seiner Vergänglichkeit wurde besiegt: Wir werden mit Jesus ewig leben, und auf uns wartet ein Leben, das an Schönheit und Vollkommenheit nicht zu übertreffen ist. Ein Leben, in dem wir in jeder Hinsicht „heil" sind. Ein Leben, in dem jeder Mangel unseres Herzens auf eine unbegreifliche Weise gestillt wird und das vor lauter Glück und Freude überfließt. Jesus lässt sein Leben los, um uns ein Leben im Überfluss zu schenken. Das hat er uns selbst versprochen: „Der Dieb kommt, um zu stehlen, zu schlachten und zu vernichten. Ich aber bringe Leben – und dies im Überfluss" (Johannes 10,10; Hfa). Der Teufel wollte Jesus vernichten und damit die Tür zum Vater zunageln. Aber Jesus bricht diese Tür durch sein Sterben und seine Auferstehung auf – und niemand kann diese Tür zum Vater jemals wieder versperren.

Jesus ließ sein Leben für dich. Er ließ sein Leben für mich. Und dieses Loslassen hat direkte Auswirkungen auf mein Leben, weil es meine Perspektive völlig verändert hat. Weil er losgelassen hat, konnte ich (ewiges) Leben empfangen. Weil er losgelassen hat, habe ich Zugang zu einer Quelle der Kraft und der Hoffnung, die niemals versiegt. Und es erfüllt mein Herz mit tiefer Freude und einer tiefen Liebe zu diesem Jesus, der sich auf dieses Leben des Loslassens eingelassen hat.

Gleichzeitig spüre ich in mir die Sehnsucht, mein gesamtes Leben für ihn ebenfalls loszulassen. Nein, ich bin nicht lebensmüde und lebe wirklich gern. Aber ich will den Klammergriff um mein Leben Tag für Tag ein wenig mehr lösen – mein Bild vom idealen Leben, mein zwanghaftes Kontrollieren, mein ständiges Besorgtsein um die Zukunft und um die Sicherheit genauso wie mein Bestreben, möglichst bequem und kuschelig durchs Leben zu chillen, viele meiner eigenen Ziele erreichen zu müssen, nur um mein eigenes Leben bemüht zu sein. Ich will nicht länger versuchen, durch Konsum meinen Hunger nach Leben zu stillen. Ja, ich will die Sorge um mein Leben loslassen und begreifen, dass ich ewig für Jesus leben darf. Schon jetzt will ich mein Leben loslassen, damit ewige Frucht wachsen kann.

In Johannes 12,24–25 (Hfa) stehen die Worte, die mich innerlich aufhorchen lassen. Jesus sagt: „Ich sage euch die Wahrheit: Ein Weizenkorn, das nicht in den Boden kommt und stirbt, bleibt ein einzelnes Korn. In der Erde aber keimt es auf und bringt viel Frucht, obwohl es selbst dabei stirbt. Wer an seinem Leben festhält, wird es verlieren. Wer aber sein Leben in dieser Welt loslässt, wird es für alle Ewigkeit gewinnen."

Genau darum geht es mir: Indem du dein Leben loslässt, wird dein Leben nach*hall*tig. Wenn du mit Fokus auf die Ewigkeit leben willst, prägt das dein Leben schon hier und heute auf ganz besondere Weise.

Hand aufs Herz

- Hast du dein Leben schon vertrauensvoll losgelassen? Wenn nein: Was hindert dich?
- Stell dir vor, du würdest dein Leben loslassen: Was würde Gott dir vielleicht dadurch schenken?

**Was mich
loslassen lässt,
bevor ich ergreife,
und mich hoffen lässt,
bevor ich sehe,
ist das Vertrauen.**

Hans-Joachim Eckstein

Bei dir kommt mein Herz zur Ruhe

Du erfreust mein Herz mehr als zur Zeit,
da es Korn und Wein gibt in Fülle.
Ich liege und schlafe ganz mit Frieden;
denn allein du, Herr, hilfst mir,
dass ich sicher wohne.

Psalm 4,8–9 (Luther)

Eine aufblühende Beziehung oder eine tiefe Freundschaft beleben die Seele auf einzigartige Weise. In Zeiten, in denen ich das Gefühl habe, in meiner Ehe lebendig und zutiefst glücklich zu sein, gibt mir das ungeheure Kraft und setzt Freude frei. Dann kommt es mir so vor, als würden mein Mann und ich miteinander tanzen und das Glück sich verdoppeln. Eine Beziehung braucht – genauso wie eine Freundschaft – Pflege und Zuwendung: Manchmal gehe ich mit Christian durch den Wald und bestaune gemeinsam mit ihm die Natur. Zu anderen Zeiten putze ich gemeinsam mit ihm das Haus und freue mich darüber, dass unser Zuhause schöner wird. Oder wir planen ein gemeinsames Abenteuer und genießen schon die Vorfreude darauf. Aber vor allem – und das können wir eigentlich bei all diesen Aktivitäten – tauschen wir uns miteinander über das Leben aus – wir hören zu und reden selbst. Wenn ich eine gesunde und gute Ehe führen will, braucht meine Ehe Pflege und Zuwendung. Keine gesunde Ehe passiert einfach nur so – jedes Paar investiert viel für eine gute Ehe.

Ähnlich sieht es in meiner Beziehung zu Gott aus. Damit mein Leben ein stabiles Fundament hat, brauche ich meinen festen Halt in Gott – das Gefühl und das Wissen, bei ihm sein zu dürfen, bleiben zu dürfen, zu ihm zu gehören. Ich brauche diese Herzens-Verankerung in Jesus, um erfüllt und glücklich leben zu können. Aber dieses „In-Jesus-Verankern" ist kein einmaliger Akt. Auch in diese Beziehung muss ich investieren, um sie zu vertiefen und zu festigen, und sie ist auch keine statische Sache, die sich nie ändert. Sie kann aufblühen, Kraft gewinnen, aber genauso stagnieren und vertrocknen.

Ich war sieben Jahre alt, als ich bewusst zu Jesus gesagt habe: „Du sollst mein Freund sein." Was vielleicht niedlich klingt, war für mich ein echtes Wunder. Ich muss tief in meinem Herzen gespürt haben, dass ich Jesus vertrauen kann und er ein guter Freund für mich sein will. Und diese Freundschaft pflege ich inzwischen seit vielen Jahren. Sie hat sich durch die unterschiedlichsten Lebensphasen verändert, ist mitgewachsen. Ich habe so viele Momente erlebt, in denen ich niemanden so stark brauchte wie Jesus und in denen er für mich da war. Zeiten, in denen mein Herz aufgrund einer unerwiderten Liebe zerbrochen war. Momente, in denen ich mich minderwertig oder einsam fühlte. Phasen, in denen ich von den vielen Terminen und all den To-dos überfordert war.

So oft war es Jesus, bei dem ich dann Hilfe und Unterstützung gefunden habe. Er ist derjenige, der wirklich jeden einzelnen Tag mit mir durchs Leben gegangen ist – und keine beste Freundin und auch nicht mein Ehemann. Ist es nicht unbegreiflich und einfach nur unfassbar liebevoll von ihm, dass er wirklich immer da ist? Es ist unglaublich leidenschaftlich und verrückt von Jesus, dass er sich dazu entschieden hat, immer an meiner Seite zu sein. An allen Tagen meines Lebens und darüber hinaus. Dass er all die unschönen Momente meines Lebens mit mir durchmacht und sie gemeinsam mit mir aushält. Die Momente, in denen ich nicht mehr weiterweiß und verzweifelt bin. Jeden emotionalen Tiefpunkt erlebt er mit mir. Und nie ist er auf Abstand gegangen, weil es ihm zu viel ist. Er war und ist da – immer!

Während ich diese Zeilen schreibe, läuft vor meinem inneren Auge der Film meines Lebens ab. In all den schönen und all den herausfordernden Momenten sehe ich eines: Jesus an meiner Seite. Auf der einsamen Bank im Feld, als mein Herz vor Liebeskummer fast zerspringen wollte. Auf dem Sofa, während ich den ersten Text für mein erstes Buch geschrieben habe. Er war neben mir, als ich erfuhr, dass wir keine Kinder bekommen können, und auch, als mein Mann erkrankte und ich nicht wusste, wie mein Leben in Zukunft aussehen wird. Immer war und ist er an meiner Seite – mittendrin in meinem bunten Leben.

Diese vielen Erfahrungen mit Jesus haben mein Vertrauen in ihn wachsen lassen und gestärkt. Aber genauso durfte ich in meiner Beziehung zu Jesus reifen. Ich würde behaupten, dass ich ihm gegenüber ehrlicher geworden bin und ihm auch all das von mir zeige und kommuniziere, was ich früher am liebsten zugedeckt und kaschiert hätte. Ich habe gelernt, ihm zu zeigen, wie es tief in mir wirklich aussieht – egal, ob ich gerade mit Ängsten, Zweifeln oder Misstrauen ringe oder mich unsagbar leer fühle und nach Sinn im Leben suche. Ich zeige ihm, wie es in mir aussieht, auch wenn ich gerade Gefühle empfinde, die ich nicht fühlen will, oder mich irgendwie verrannt habe und keinen Ausweg aus dem Gefühlschaos finde. All diese Extreme und die Zwischentöne zeige ich Jesus, ich offenbare mich ihm, mute mich ihm zu. Manchmal ist es ganz schön schmerzhaft, Jesus diese Seiten zu zeigen. Aber ich ermutige mich dazu, mich ihm so echt und ungeschminkt ehrlich zu zeigen, wie ich bin, weil Jesus meinem Herzen so guttut wie kein anderer. Er weiß besser als jeder andere, wie er mir in meiner Angst, in meiner Leere, in meiner Sorge liebevoll begegnen kann.

Der Kirchenvater Augustinus prägte diese starke Aussage: „Unruhig ist unser Herz, bis es ruht, o Gott, in dir." Dieses Zitat spricht Bände. Offensichtlich hatte auch er die Erfahrung gemacht, dass niemand seinem Herzen diesen Frieden und diese Ruhe schenken kann als Gott allein. Ja, auch Menschen hören uns zu und ermutigen uns. Aber nur Gott weiß wirklich, was wir brauchen. Bei ihm finden wir Frieden, der größer ist, als unser menschlicher Verstand es je begreifen kann. Und genau diesen Frieden will Gott unseren unruhigen Herzen schenken.

David schreibt in einem seiner Psalmen: „Du erfreust mein Herz mehr als zur Zeit, da es Korn und Wein gibt in Fülle. Ich liege und schlafe ganz mit Frieden; denn allein du, Herr, hilfst mir, dass ich sicher wohne" (Psalm 4,8–9; LU). Auch David hat ein ereignisreiches Leben geführt, er war mit den Tälern genauso vertraut wie mit den Berggipfeln. Da gab es die Zeit, als er selbst als Hirte Schafe hüten und sie vor Gefahren schützen musste. Aber dann wurde er König und führte sein Land in Kriegs- und auch in Friedenszeiten. Er erlebte große Erfolge, aber auch großes Scheitern. Er hatte wenige enge Freundschaften, wusste aber auch nur zu gut, wie es ist, von nahestehenden Menschen verfolgt zu werden. Und in all diesem Auf und Ab seines Lebens erzählte er durch seine Melodien und Worte von Gott und berührte die Herzen der Menschen, darunter auch die Worte: „Du erfreust mein Herz mehr als zur Zeit, da es Korn und Wein gibt in Fülle. Ich liege und schlafe ganz mit Frieden; denn allein du, Herr, hilfst mir, dass ich sicher wohne." Seine innige Beziehung zu Gott ließ ihn

Frieden finden und Freude erleben. Gott war seine Herzenszuflucht, in der er immer Schutz fand.

Genauso wie Gott zuverlässig und treu an Davids Seite geblieben ist, will er es auch für dich und für mich sein – an jedem einzelnen Tag. Diese Gewissheit schenkt meinem Herzen Frieden. Ich spüre, wie es bei diesem Gedanken anfängt, ganz ruhig zu schlagen, weil es sich von Gott gesehen und gehalten weiß. Nur bei ihm kommt mein Herz zur Ruhe.

Hand aufs Herz

- Begegnest du Gott so, wie du wirklich bist? Oder hast du das Gefühl, dass es Dinge oder Bereiche gibt, die du vor ihm verbergen solltest?
- Lebst du in dem Bewusstsein, dass Gott in jedem Moment deines Lebens bei dir war und ist?
- Versuche doch in der nächsten Zeit einmal, ganz ehrlich zu Gott zu sein und mit ihm darüber zu reden, wie es wirklich in dir aussieht. Erzähle ihm von deinen Erfolgen, aber auch davon, wenn du dich einsam fühlst oder Angst hast. Und keine Sorge: Er weiß genau, was dein Herz braucht.
- Wie könnte sich dein Leben verändern, wenn du wirklich eine so vertrauensvolle Beziehung zu Gott hättest?

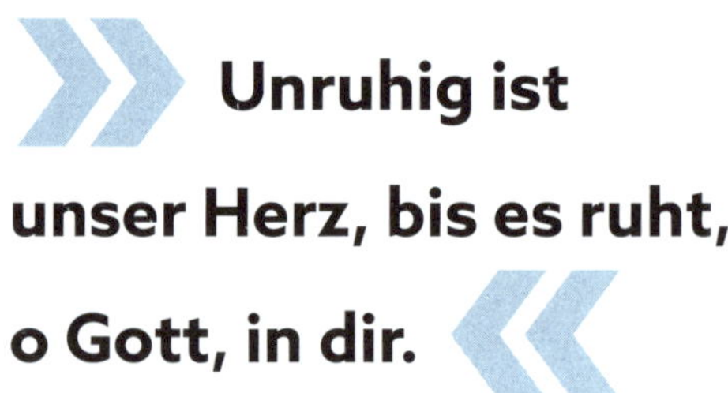

Unruhig ist unser Herz, bis es ruht, o Gott, in dir.

Augustinus

Den eigenen Platz im Leben finden

Denn wir sind sein Werk, geschaffen in Christus Jesus zu guten Werken, die Gott zuvor bereitet hat, dass wir darin wandeln sollen.

Epheser 2,10 (Luther)

Gestern bin ich zu einer kleinen Pilgerreise aufgebrochen. 22 Kilometer, auf die ich mich total gefreut hatte. Einfach nur laufen und genießen. Ich packte mir meinen kleinen Rucksack mit Kaffee, Wasser und einem Lunchpaket und machte mich auf den Weg. Dieser führte mich über die Bürgersteige der naheliegenden Dörfer, über Feldwege in schöner Natur. Viele Schritte, immer einen nach dem anderen. Die Reise war so kontrastreich und vielfältig. Mal schlenderte ich ganz gemütlich an Ponys vorbei und erfreute mich an dem aufkeimenden Frühling, den man schon an den Sträuchern und Bäumen und Wiesen entdecken konnte. So viele zarte Blüten, die ihre Augen aufschlugen und neu zum Leben erwachten.

Und weitergehen. Schritt für Schritt. Stehen bleiben und genießen und dann weitergehen. Neben diesen schönen, entspannenden Etappen führten mich aber einige Wegstrecken auch an der Autobahn vorbei. Rechts hielt ich mich an der Schutzplanke der Autobahn fest, während es links von mir steil einen Abhang hinunterging. Wie gut, dass diese Wegabschnitte nicht so häufig vorkamen.

Vor allem eine Etappe am Ende meiner Reise ist mir im Kopf und im Herzen geblieben. Es wurde schon langsam dunkel, als der Weg mich auf eine große Wiese führte. Ich konnte zwar den Pfad nicht richtig erkennen, wollte sie aber dennoch überqueren, weil ich davon ausging, dass der Weg dann wieder besser werden würde. Irgendwann merkte ich jedoch, wie kaltes Wasser in meine Schuhe lief. Sollte ich weitergehen und mutig über diese nasse Wiese gehen oder umkehren? Ich entschied mich für Ersteres und stapfte weiter durch das Gras. Meine Schuhe, meine Hose ein gutes Stück – nass und kalt. Als ich diese doch recht feuchte Angelegenheit durchquert hatte, erlebte ich den schönsten Moment meiner Reise. Er war wie aus einem atemberaubend schönen Naturfilm: Rechts von mir ruhten ein Dutzend Rehe, die plötzlich gleichzeitig aufsprangen und elegant über die Wiese davonliefen. Und links von mir erhoben sich viele große weiße Vögel – vermutlich waren es Silberreiher – und flogen im Schwarm davon. Dieser Moment war für mich so heilig und zutiefst besonders. Der lange doch sehr nasse Weg über die Wiese hatte sich gelohnt. Ja, jeder einzelne Schritt dieser Reise hatte sich gelohnt.

Genauso ist für mich auch das Leben als Berufene, die für Jesus lebt und ihm nachfolgt. Der Weg ist nicht immer gleich – es gibt die unterschiedlichsten Etappen. Nicht immer befinde ich mich in einem Flow und gehe ganz ungehindert und voller Leidenschaft meiner Berufung nach und bin zutiefst mit Glück erfüllt. Nein, es gibt auch Zeiten, in denen ich mit dem Weg ringe, ihn hinterfrage und neu prüfe. Vielleicht auch mal eine Wegstrecke zurückgehe, um eine kleine Kurskorrektur vorzunehmen. Nicht immer passiert viel, nein, manchmal gehe ich einfach einen Schritt nach dem anderen und erreiche dadurch einen neuen Abschnitt des Weges. Ja, und vielleicht ist dieser so wunderschön, dass er mich alles vergessen lässt, was vorher war, und ich kann ganz in das Hier und Jetzt eintauchen.

Ich muss ehrlich gestehen, dass das Thema „Berufung“ für mich eine enorm große und wichtige Sache ist, seit ich Anfang zwanzig war. Ich habe mich so danach gesehnt zu erfahren, wer ich bin und wie Gott mich begabt hat und welche Berufung er für mich hat. Ich habe unheimlich viel darüber gelesen, nachgedacht, hab mich selbst leidenschaftlich auf die Suche begeben, um meinen Platz im Leben zu finden. Ob ich ihn gefunden habe? Ja, ich habe damals auf die Frage nach meiner Berufung Antworten gefunden, und das hat mir auch sehr geholfen. Aber heute – einige Jahre später – habe ich einen etwas größeren Blick auf dieses Thema. Berufung ist so viel mehr, als etwas zu tun, das mit meiner Begabung im Einklang ist. Tatsächlich begeistert mich ein Zitat von Magnus Malm, dem schwedischen Publizisten und Leiter von Einkehrzeiten, sehr: „Die Berufung ist nicht ein Auftrag, bestimmte Dinge für Gott zu erledigen, sondern die Einladung in eine Gemeinschaft.“ Ist Berufung also kein „Job“, sondern eine Weggemeinschaft mit Jesus Christus? Dieser Gedanke gefällt mir sehr – er befreit mich auf besondere Weise.

So gern ich auch in den vergangenen Jahren über Berufung gesprochen habe, heute denke ich, dass meine Sicht auf diese Thematik sehr einseitig war. Ich dachte damals, dass die persönliche Entdeckungsreise in die eigenen Stärken und Begabungen – gepaart mit dem Gespräch mit Gott – entspannt den Weg in die eigene Berufung eröffnet. Diese Herangehensweise führte bei mir dazu, dass ich mich stark mit mir selbst beschäftigt und mir sehr viele Gedanken darüber gemacht habe, was denn wohl nun „die eine große Berufung“ von Gott ist.

Aber wer sagt denn, dass jeder Mensch die eine große spezielle Berufung von Gott hat? Ist diese Denkweise nicht irgendwie doch etwas zu eindimensional, vielleicht zu kalkulatorisch? Engt sie so ein schönes Thema wie „Berufung" nicht ein, steckt es in eine hübsche kleine Schublade? Ich sehnte mich damals sehr danach, diese „Nuss" zu knacken. Vielleicht weil ich mir dadurch eine Art Sicherheit versprach? Oder mich gern selbst einordnen und in gewisser Weise in eine Schublade stecken wollte, um so die Gewissheit zu haben, dass ich auf dem richtigen Weg war? Aber sollte nicht vielmehr Jesus meine Sicherheit sein?

Diese Vorstellung, dass – um es einmal überzogen zu sagen – ich nur dann gemäß meiner Berufung lebe, wenn ich dieses oder jenes tue, stellte das Thema für mich auf ein sehr hohes Podest. Natürlich ist und war mir immer sehr wichtig, in meiner Berufung zu leben. Schließlich will ich meine Begabungen nicht verschwenden, sondern sie treu in Gottes Reich einbringen. Aber die Gefahr ist, dass ich dieser Berufung alles unterordne – vielleicht sogar meine Beziehung zu Gott selbst – und sie unbemerkt zu meinem Götzen wird. Ein Götze, der alles von mir fordert und nie genug kriegt und mir vor allem eines raubt: meinen Fokus auf Jesus Christus selbst. Auf denjenigen, der mich berufen hat und mich einlädt, ihm nachzufolgen. Mit ihm unterwegs zu sein. Mit ihm zu leben.

In 1. Korinther 1,9 (NL) heißt es: „Gott ist treu. Er hat euch berufen zur Gemeinschaft mit seinem Sohn Jesus Christus, unserem Herrn." Wir sind in erster Linie zur Gemeinschaft mit Jesus Christus berufen. Mit ihm dürfen wir die Pilgerreise „Leben" antreten. Wir sind berufen, mit ihm zu sein, mit ihm zu gehen, mit ihm verbunden zu bleiben. Durch diese Verbundenheit mit Jesus leben wir unsere Berufung. Wir leben unsere Berufung nicht weniger, wenn wir gerade eine Sabbatzeit haben und bildlich gesprochen am Ufer eines Flusses sitzen und dort einige Zeit den Wellen zuschauen oder über die

Rehe staunen, die so elegant und geschmeidig über die Felder springen. Auch in diesen Zeiten leben wir in der Berufung, Gottes Kind zu sein und mit ihm verbunden zu leben. Wir leben auch in den Zeiten unsere Berufung, in denen wir feststecken und nicht mehr weiterwissen. Die Berufung macht da keine Pause, sie bleibt – wir dürfen als Berufene durch diese Krisenzeiten gehen.

Es wird Zeiten geben, in denen wir voller Freude in unseren Stärken blühen dürfen und ein Segen für andere sind. Vielleicht erleben wir, dass Menschen unserem Vorbild folgen, dass sie durch unsere Worte oder Taten berührt und gesegnet werden. Wir dürfen fröhlich anpacken und helfen, stärken, beschenken und die Welt zu einem besseren Ort machen.

Genauso wird es aber auch die Zeiten im Leben geben, in denen wir gefühlt einen Schritt vor den anderen setzen und dennoch das Gefühl bleibt, dass alles irgendwie wirkungslos oder sogar sinnlos ist. Auch in diesen Zeiten leben wir als Berufene – auch diese Zeiten gehören zu unserem Leben dazu. Sie dürfen sein.

Und vielleicht hat die Tatsache, dass in den letzten Jahren ein starker Fokus auf dem Thema „Berufung" lag, viele Menschen verschreckt und auch geistliche Minderwertigkeitskomplexe verursacht: „Mit so vielen Menschen hat Gott etwas Großes vor – aber was ist mit mir? Mein Leben ist dagegen so klein und unbedeutend." Und tatsächlich tut es mir unendlich leid, wo vielleicht auch ich selbst diesen Eindruck ungewollt verstärkt habe. Tatsächlich glaube ich nicht, dass es kleine und große Berufungen gibt. Jede Berufung ist wertvoll und groß, weil sie von Gott kommt. Ich glaube nicht, dass es hier eine Wertigkeit gibt: Wenn du viele Menschen zu Jesus geführt hast, dann bist du in Gottes Reich ein ganz Großer. Wenn du dagegen „nur" deine Kinder voller Liebe und Gottvertrauen erzogen hast und ihnen Tag für Tag mit Gottes Hilfe eine gute Mutter oder ein guter Vater gewesen bist, dann bist du in Gottes Reich weniger groß. Nein, Gott wertet nicht so, wie wir Menschen es tun. Er beruft und lädt uns ein, unser Leben in Verbundenheit mit ihm zu leben.

Und aus dieser Verbundenheit heraus dann treu und hingegeben die Werke zu tun, die er vorher bereitet hat. In Epheser 2,10 (LU) steht die faszinierende Aussage: „Denn wir sind sein Werk, geschaffen in Christus Jesus zu guten Werken, die Gott zuvor bereitet hat, dass wir darin wandeln sollen." Gott hat also schon gute Taten im Voraus geschaffen, damit sie in unserem Leben Wirklichkeit werden. Wir dürfen in Verbundenheit mit ihm mutig und treu die guten Taten ausführen, die er für unser Leben vorbereitet hat. Das bedeutet, dass du als Mutter (oder Vater) beherzt in deine Familie investieren darfst. Liebe deine Kinder, erzähl ihnen von Gottes Liebe, stärke sie, präge sie, hab Spaß, lache, tanze, trockne Tränen, verarzte Wunden. Investiere dich in sie und lebe als Berufene in deiner Familie. Wenn Gott dir außerhalb deiner Familie Ideen aufs Herz legt, wie du als Berufene in deiner Nachbarschaft oder Gemeinde oder an deiner Arbeitsstelle leben kannst – dann führe auch da mutig die guten Taten aus. Aber tu es nicht, weil viele andere Frauen es auch tun und du dich sonst schlecht und minderwertig fühlen würdest – tu es nur, wenn Gott es dir aufs Herz legt und du einen tiefen Frieden darüber verspürst, dass es zu deinem Leben gehören soll. Und das Gleiche gilt auch für jeden anderen. Jeder von uns hat sein oder ihr ganz eigenes Leben mit ganz eigenen Möglichkeiten. Ich kann nicht den Weg eines anderen Menschen gehen – ich kann nur meinen Weg mit Jesus gehen.

Meinen Weg mit all seinen unterschiedlichen Abschnitten. Mit den Zeiten, in denen ich im Matsch feststecke oder durchs

Wasser stapfe. Mit den Zeiten, in denen ich voll im Flow bin und neugierig und staunend Neuland erobere. Und auch die Zeiten, in denen oberflächlich betrachtet nicht viel passiert, die Wegstrecke recht eintönig zu wirken scheint. Doch auf all diesen Abschnitten darf ich mit Jesus unterwegs sein. Er ist es, der mich berufen hat, mit ihm auf dem Weg zu sein. Und aus dieser Berufung wird Segen fließen – so oder so. Deshalb darf ich ganz entspannt und zuversichtlich an seiner Seite gehen – einen Schritt nach dem anderen.

Hand aufs Herz

- Was bedeutet es für dich, im Einklang mit deiner Berufung zu leben?
- Weißt du, dass es deine Berufung ist, mit Jesus verbunden zu sein?
- Empfindest du Druck oder fühlst du dich innerlich frei, wenn du an das Thema „Berufung" denkst?

»Die Berufung ist nicht ein Auftrag, bestimmte Dinge für Gott zu erledigen, sondern die Einladung in eine Gemeinschaft.«

Magnus Malm

Gott verändert – und wie!

Und ich werde euch ein neues Herz geben und euch einen neuen Geist schenken. Ich werde das Herz aus Stein aus eurem Körper nehmen und euch ein Herz aus Fleisch geben.

Hesekiel 36,26 (Neues Leben)

Gestern habe ich ein echtes Wunder erlebt. Ein Wunder, für das ich hin und wieder gebetet hatte, aber damit gerechnet hatte ich eher nicht. Ich traf mich nachmittags mit einer Freundin auf einen Kaffee, weil wir uns schon ewig nicht mehr ausgetauscht hatten. Eine Freundin, mit der ich schon seit vielen Jahren eine eher schwierige Freundschaft führe. Mir war die Freundschaft wichtig. Ich wollte sie nicht verlieren, war aber enttäuscht, genervt und ein wenig auf Abstand gegangen. Mal meldete ich mich gar nicht mehr, dann wiederum betete ich für sie und meldete mich wieder. Ja, es war sehr schwierig. An diesem Tag trafen wir uns und meine Freundin verbreitete irgendwie eine völlig andere Atmosphäre. Wir kamen ins Gespräch, und sie fing an, voller Freude davon zu erzählen, was sich in ihrem Leben alles verändert hatte. Sie erzählte, dass Gott sie aus einem Negativstrudel befreit und Licht in ihre Dunkelheit gebracht hatte. Durch das Bibellesen und einen Glaubensgrundkurs sowie Bücher und Zeitschriften war ihr bewusst geworden, dass sie Gott ihr Leben noch nie wirklich anvertraut hatte. Zwar war sie auch schon vorher Christin und lebte auch entsprechend, doch noch nie zuvor hatte sie Gott so kraftvoll und spürbar erfahren dürfen. Sie fing ganz neu an, nach Gottes Willen zu fragen und die Veränderungen, die er herbeiführen wollte, Stück für Stück zuzulassen. Er veränderte ihre Sichtweise auf ihr Leben und schenkte ihr eine ganz neue Dankbarkeit. Ihr wurde bewusst, welch eine große Aufgabe er ihr anvertraut hatte – sie durfte eine liebevolle Ehefrau für ihren Mann und eine warmherzige Mutter für ihre Kinder sein. Klar, nicht jeder Tag ist plötzlich ein „Bilderbuch-Tag". Natürlich gibt es immer wieder solche und solche Tage. Aber die Vorzeichen sind erneuert. Ihre Beziehung zu Gott war nun gewissermaßen vom Kopf in ihr Herz gerutscht. Sie öffnete sich ganz neu für Gott und die Veränderung, die er in jedem Menschen bewirken will, und erlebte genau das, was Gott auch im Buch des Propheten Hesekiel sagt: „Und ich werde euch ein neues Herz geben und euch einen neuen Geist schenken. Ich werde das Herz aus Stein aus eurem Körper nehmen und euch ein Herz aus Fleisch geben" (Hesekiel 36,26; NL).

Wir saßen uns im Café gegenüber und weinten vor Freude, weil Gott Leben verändern kann. Weil Gott Dunkelheit erhellen kann. Weil er mächtig und lebendig ist. Sie erzählte mir weiter davon, wie sich seither ihre Ehe und das Leben der Familie verändern. Wo vorher so viel mehr schlechte Laune war, füllte sich das Haus nun mit Dankbarkeit und Freude. Ich saß da und dachte im Stillen: *Was für ein Wunder! Wie kann sich ein Mensch so stark verändern?* Ich hatte sie nie so sprühend und begeistert und redselig erlebt. Sie war für mich ein völlig neuer Mensch. Irgendwann kamen wir auch auf unsere Freundschaft zu sprechen. Wir sagten uns gegenseitig, wo wir uns verletzt hatten, und sprachen auch über das, was in den Jahren zuvor so schwierig gewesen war. Alles kam auf den Tisch und wir konnten einander vergeben und Vergebung zusprechen. Genau wie Jesus uns jedes Mal neu vergibt und wie wir jeden Tag aus seiner Vergebung heraus leben, müssen und sollen wir auch anderen Menschen vergeben. Vergebung bedeutet ganz konkret, dass ich den ganzen Mix aus Enttäuschung und Frust über diese Freundschaft loslasse und ihr nicht länger hinterhertrage. Genauso war uns aber bewusst, dass es auch in Zukunft zu Situationen kommen könnte, wo wir einander aufgrund unserer Unterschiedlichkeit verletzen. Doch uns war wichtig, ein neues Kapitel in unserer Freundschaft aufzuschlagen und auf einem Blatt der Gnade weiterzuschreiben. Ein Neuanfang unserer Freundschaft. Eine weitere Folge der Herzensveränderung, die sie erlebt hatte und die nun weite Kreise zog.

Mich hat dieser Nachmittag tief berührt und auch staunen lassen. Wie kraftvoll wirkt Gott im Leben von Menschen und wie stark stellt das alles auf den Kopf? Wenn wir die Veränderung zulassen, die Gott durch seinen Heiligen Geist in uns bewirken will, kann er das Leben so viel schöner und kraftvoller werden lassen. Und wie stark wirkt das dann auch in die Ehe, in die Familie, in die Freundschaften, in das gesamte Umfeld hinein? Natürlich ist trotz dieser tiefliegenden Veränderung nicht schlagartig jeder Tag nur gut und neu und anders. Nein, Veränderung braucht Zeit und ist ein Weg aus vielen kleinen Schritten im Alltag. Hier und da dürfen wir Durchbrüche im Glauben erleben und dann kommen wir ein großes Stück weiter. Dann gibt's wieder Phasen, in denen wir gefühlt, wenn überhaupt, nur in kleinen Schritten weiterkommen.

Dieser Gedanke lässt mein Herz vor Freude pulsieren. Veränderung ist möglich – in jedem Lebensbereich. Und Veränderung wird geschehen – wenn wir uns Gott gegenüber dafür öffnen und zulassen, dass er unsere Denkweise erneuert. In Römer 12,2 (NL) schreibt Paulus: „Deshalb orientiert euch nicht am Verhalten und an den Gewohnheiten dieser Welt, sondern lasst euch von Gott durch Veränderung eurer Denkweise in neue Menschen verwandeln. Dann werdet ihr wissen, was Gott von euch will: Es ist das, was gut ist und ihn freut und seinem Willen vollkommen entspricht."

Unsere Haltungen, Gedanken und Werte können erneuert werden. Dadurch wird das Gute immer stärker zunehmen und sichtbar werden. Die Veränderung eines einzigen Herzens kann Spuren im Leben von sehr vielen Menschen hinterlassen. In meinem Beispiel veränderte sich eine einzige Frau, und das wiederum prägt das Leben ihres Mannes, der sich inzwischen auch immer mehr verändert, sowie auch das Leben ihrer Kinder. Ihre Kindheit wird jetzt ganz anders sein, was wiederum ihr Leben auf eine ganz neue Weise prägen wird und damit auch ihre Persönlichkeit und ihr gesamtes Leben. Das wiederum hat natürlich weitere positive Dinge zur Folge.

Früher haben wir in unserer Gemeinde häufig das bekannte Lied von Manfred Siebald gesungen. Ich finde, der Liedtext bringt wunderbar auf den Punkt, was meine Freundin erleben durfte: „Ins Wasser fällt ein Stein ganz heimlich, still und leise. Und ist er noch so klein, er zieht doch weiter Kreise. Wo Gottes große Liebe in einen Menschen fällt, da wirkt sie fort in Tat und Wort hinaus in unsre Welt."

Es braucht nur die Veränderung einer einzigen Person, und genau das verändert das Leben von vielen Menschen. Da, wo vorher alles noch von Pessimismus oder Anstrengung gekennzeichnet war, halten plötzlich Dankbarkeit und Freude Einzug. Und es ist Raum für Gott, der Veränderung bewirken will und auch weiterhin wird.

Manchmal warten wir darauf, dass andere Menschen sich verändern. Wir hoffen und beten, dass Gott den anderen endlich zum Positiven umgestaltet, weil der ja „so anstrengend“ ist. Was wäre, wenn wir anfangen, zuerst die Veränderung bei uns selbst zuzulassen, und Gott bitten, unser eigenes Herz umzugestalten? Wenn wir ihn um Vergebung bitten für Gier, Neid, Stolz und davon befreit unser Leben gestalten? Wir können nur bei uns selbst Veränderung zulassen, haben nur auf uns selbst Einfluss – aber schon allein dadurch können wir in unserem Umfeld viel bewegen. Kraftvolle Veränderung beginnt in unserem Herzen. Und dafür braucht es die Bereitschaft, sich wirklich ehrlich in Gottes Spiegel zu betrachten und ihn zu bitten, uns die unschönen Dinge zu zeigen. Genau darum bittet auch David, der Singer & Songwriter vieler Psalmen. In Psalm 139, Vers 23 (LU) schreibt er: „Erforsche mich, Gott, und erkenne mein Herz; prüfe mich und erkenne, wie ich's meine.“ Er versteckt sich nicht vor Gott, der ihn ja sowieso besser kennt als er sich selbst. Nein, er begegnet Gott in aller Offenheit und aller Demut und bittet diesen, ihm all das zu zeigen, was in seinem Herzen im Argen liegt. Immer da, wo wir Gottes Licht in unser Leben scheinen lassen, können wir unschöne Dinge ausräumen, und dadurch entsteht so viel Platz für neue Hoffnung und Glauben.

Auch mir fällt es manchmal richtig schwer, Gott zu gestehen, wo ich mich schuldig gemacht habe, und ihn um Vergebung zu bitten. Oft geht es um Dinge, bei denen ich selbst denke: *Ich habe ein Recht, auf diese Person sauer zu sein. Ich habe ein Recht, da so kühl zu reagieren.* Und genau das kann auch eine Mauer zwischen mir und Gott errichten: meine Enttäuschung, das Misstrauen Gott gegenüber. All die Dinge, bei denen ich glaube, dass ich ein Recht dazu hätte. Dadurch, dass ich auf mein vermeintliches Recht poche, wird mein Herz hart und zieht sich von Gott zurück. Und genau dann wird es Zeit, die Dinge beim Namen zu nennen und Gott um

Vergebung zu bitten. Ich kann aus eigener Erfahrung sagen, dass ein Leben mit einem weichen Herzen so viel kraftvoller und stärker ist (siehe Hesekiel) – es ist ein völlig anderes Leben. Aber dazu braucht es meine Hinwendung zu Gott und die Bereitschaft, mich von ihm erneuern zu lassen. Und wenn ich ihn darum bitte, wird er es tun.

Hand aufs Herz

- Gibt es schon Bereiche in deinem Leben, in denen du bereits Gottes Kraft der Veränderung erlebt hast?
- Glaubst du daran, dass die Veränderung deines Herzens auch das Leben von anderen positiv beeinflussen kann?
- Wie wäre es, wenn du heute bewusst deinen Stolz ablegst und Gott in Demut begegnest? Lass dich von ihm verändern.

» Mit dem Herzen wird Gott wahrgenommen und nicht mit dem Verstand … das also ist Glaube: Gott mit dem Herzen wahrnehmen. «

Oswald Chambers

Ja zu den wirklich wichtigen Dingen

Trachtet zuerst nach dem Reich Gottes und nach seiner Gerechtigkeit, so wird euch das alles zufallen.

Matthäus 6,33 (Luther)

Wenn wir uns bewusst machen, dass wir irgendwann einmal sterben müssen, stellt sich doch die Frage: Was ist wirklich wichtig im Leben? Worum geht es eigentlich? Womit fülle ich meine Zeit?

Vor einigen Wochen trafen Christian und ich uns mit der 50-jährigen Sherry-Lynn und ihrem Ehemann Tony zum Abendessen, die seit 20 Jahren in einem Hospiz arbeitet und sozusagen täglich mit dem Tod konfrontiert ist. Sie besucht junge und alte Menschen, die sich bereits im Prozess des Sterbens befinden, und verbringt mit ihnen Zeit, liest ihnen etwas vor, betet mit ihnen, hört ihnen zu. Eine Arbeit, die in meinen Ohren wirklich sehr herausfordernd und emotional klingt. Wie ist es möglich, eine positive Einstellung zum Leben zu bewahren, wenn man jeden Tag mit dem Sterben konfrontiert wird? Für Sherry-Lynn dagegen ist es eine wertvolle Aufgabe, die sie mit Gottes Kraft nun schon seit so vielen Jahren macht. In unserem ehrlichen Austausch fragte ich sie, wie diese Arbeit sie präge und verändere. Sie entgegnete daraufhin: „Ich bin sehr viel entspannter geworden. So vieles im Leben spielt keine so große Rolle mehr. Um so viele Dinge mache ich mir keinen Kopf mehr. Durch diese Arbeit bekomme ich eine klarere Sicht auf das, worauf es im Leben wirklich ankommt."

Mich hat diese Begegnung inspiriert. Da ist eine Frau, die sich ständig mit dem Sterben beschäftigt und tagtäglich dieser Realität ins Auge schaut. Wenn ich ganz theoretisch darüber nachdenke, was diese Arbeit mit mir persönlich machen würde, sehe ich ganz viel Schmerz und Last. Der Tod ist mir manchmal nicht geheuer, auch wenn ich schon wirklich versöhnliche Momente erleben durfte. Beispielweise als ich bei einem kleinen Mädchen wenige Tage vor ihrem Tod Gottes Gegenwart erleben durfte. Auch auf ihrer Beerdigung war so viel Glanz des Himmels sichtbar und spürbar. Diese Momente zeigen mir, dass Gottes Herrlichkeit erst beim Eintritt in die ewige Welt so richtig strahlt und aufleuchtet. Aber ständig und tagtäglich den Tod zu treffen, so wie Sherry-Lynn? Man vermutet es vielleicht nicht, aber trotz dieser emotionalen Arbeit hat sie so eine starke Ausstrahlung und lacht von ganzem Herzen. Trotz dieser emotional sicher nicht einfachen Aufgabe steht ihr die Freude ins Gesicht geschrieben. Vielleicht liegt es daran, dass sie die Angst vor dem Tod verloren hat und so häufig dabei ist, wenn ein Mensch in die ewige Heimat umzieht?

Das Wissen um den Tod bringt Klarheit ins Leben. Das Begreifen der Endlichkeit ordnet das Leben. Nicht alles ist in einem einzigen Leben machbar und möglich. Nicht jeder Traum und auch nicht jedes vorstellbare Lebenskonzept kann gelebt werden. Vieles ist möglich, aber nicht alles machbar. Um nicht plan- und orientierungslos durchs Leben zu stolpern und das Gefühl zu haben, dass die Zeit rücksichtslos an uns vorüberfließt, ist es daher wichtig, klare Prioritäten zu setzen und diesen treu zu bleiben. Genau hinzuschauen und zu erkennen, was wirklich bleibt und worauf es ankommt.

Als Christian und ich vor unserer Hochzeit über den Leitvers für unsere Ehe gesprochen haben, kamen wir sehr schnell auf Matthäus 6,33. Dieser Bibelvers ist für uns unheimlich wertvoll, weil er uns immer wieder an die Stoßrichtung unseres Lebens erinnert: „Trachtet zuerst nach dem Reich Gottes und nach seiner Gerechtigkeit, so wird euch das alles zufallen." Ein Vers mit einer starken Verheißung. Wenn wir mit unserem Blick auf den Himmel gerichtet leben und Gottes Reich auch hier und heute schon sichtbar werden lassen, dann wird Gott uns auch alles andere schenken, was wir brauchen. Für uns bedeutet es, dass die Beziehung zu Gott Priorität in unserem Leben haben soll. Wir sehnen uns danach, dass seine Gegenwart jeden Lebensbereich flutet und er in wirklich jedem Bereich unseres Lebens Raum bekommt. Doch natürlich ist das gar nicht so einfach.

So viele Dinge kämpfen um unsere Aufmerksamkeit und häufig scheint anderes so viel wichtiger zu sein als Gott: Geld, Anerkennung, Hobbys. Für uns ist es daher wichtig, einander zu ermutigen, unseren Blick fest auf Gott zu richten. Doch manchmal ist diese Sicht getrübt, weil wir uns mit Alltagsproblemen beschäftigen und nicht aus diesem Sorgentunnel herauskommen. Dabei braucht es nur einen einzigen Schritt: Raus aus der Sorge, hin zu Gott. Wenn ich auf Gott schaue, wird meine Sorge klein und Gott so viel größer. Max Lucado hat ein Buch geschrieben, das im Deutschen den Titel „Sag deinen Sorgen, wie groß Gott ist" trägt. Ich finde diesen Titel wirklich großartig, auch wenn ich das Buch noch nicht gelesen habe. Sorgen können uns riesengroß vorkommen, aber im Vergleich zu Gott sind sie immer winzig klein. Wenn wir uns in sorgenvollen Zeiten daran erinnern, kann uns das zu einem dankbaren und glücklichen Leben befreien.

Dennoch ist der Vers „Trachtet zuerst nach Gottes Reich" sehr weit gefasst. Ich glaube, dass dieser Blickwinkel für jeden Menschen anders aussehen kann. Schließlich können wir nicht alles machen, was positive Auswirkungen hätte: Ich kann nicht als Sozialarbeiterin unter Jugendlichen arbeiten, parallel dazu als Missionarin in Peru tätig sein, in Deutschland Frauenevents gestalten und außerdem noch drei Kinder adoptieren. Unser Leben ist begrenzt, und wir können nicht alles machen und versuchen, weil wir sonst irgendwann an unsere Grenzen stoßen. Es ist so wichtig, in Verbindung mit Gott das Leben zu gestalten und den wichtigen Dingen, die er aufs Herz legt, Raum zu geben. Und diese Dinge werden unser Leben prägen und auch formen. Ein Leben, das gute, bleibende Spuren hinterlässt – das geschieht nicht von allein. Dieses gute Leben „passiert" nicht automatisch, sondern ist die Folge von vielen Entscheidungen, die wir im Laufe der Zeit treffen. Von den guten Prioritäten, die wir setzen.

Christian und ich haben uns letztens über die Prioritäten in unserem Leben unterhalten. Welchen Dingen wollen wir in unserem Leben Raum geben? Über diese Frage kann man sich ja wirklich den Kopf zerbrechen – ohne zu einem hilfreichen Ergebnis zu kommen. (Ich spreche da aus Erfahrung! ;-)) Schlussendlich gibt es so viele gute Dinge, die wir tun könnten, und so viel Bedarf und Not in der Welt, bei denen wir helfen könnten. In diesem Prozess haben wir erlebt, dass wir unserem persönlichen und gemeinsamen Herzschlag nachspüren und schauen dürfen, wo sich die Not der Welt mit unseren persönlichen Begabungen überschneidet.

Wir, die wir uns in der Vergangenheit nach den ganz großen Dingen ausgestreckt und gedacht hatten, dass wir etwas ganz Besonderes machen müssten, durften neu begreifen, wie viele von den guten Dingen wir bereits tun und auch weiterhin tun wollen. Und dabei sind das noch nicht einmal die riesengroßen Dinge, doch bei Gott hat eben auch das vermeintlich Kleine große Bedeutung. Für uns gehört dazu, dass wir großzügig leben und das Gute, das Gott uns schenkt, gern weitergeben. Das kann die Zeit sein, die wir jemandem schenken, indem wir einfach nur zuhören und für diese Person da sind. Ein gutes Essen, das ich für Gäste koche. Platz zum Übernachten. Raum zum Sein. Geld, das wir spenden dürfen. Wir investieren uns in Menschen, die Gott uns über den Weg schickt. Das können Freunde und Familienmitglieder sein, aber auch Menschen aus der Gemeinde oder Personen, die wir noch gar nicht so gut kennen.

Auch mit unseren Hobbys dürfen wir uns am Bau von Gottes Reich beteiligen. Christian ist leidenschaftlicher Fotograf und liebt es, zu fotografieren und sein Wissen mit Menschen zu teilen. Schon häufig war er im Ausland unterwegs, um für soziale Werke Bildmaterial für Spendenbriefe und Berichte zu erstellen. Genauso gern verbringt er aber auch Zeit in seiner Holzwerkstatt, in der er für andere und auch für uns schöne Dinge kreiert: Räder für ein Babybett, eine Holz-Arche zum Spielen oder einen schönen Schreibtisch für mich.

Ich wiederum bin ein echter Menschenmensch und baue sehr schnell Verbindungen zu anderen auf. Das müssen auch gar nicht unbedingt Freunde sein, manchmal sehe ich es auch einfach explizit als Dienst, mich mit jemandem zu treffen. Ich glaube, Gottes Reich wird sichtbar in den kleinen Situationen mitten im Alltag. Außerdem singe ich gern und spiele Klavier. Das mache ich für mich ganz allein, und auch dadurch wird Gottes Reich gebaut, weil im Unsichtbaren viel geschieht, wenn wir Gott anbeten. Aber genauso gern mache ich das auch in meiner Gemeinde. Außerdem liebe ich es natürlich, Artikel und Bücher zu schreiben, auf Events zu sprechen, zu beten, Gebet in der Gemeinde zu fördern.

Egal, was wir tun: Wir wollen einfach Gottes Liebe im Alltag weitergeben und uns täglich überraschen lassen, was er denn heute für uns Gutes im Sinn hat.

Tag für Tag mit und für Jesus leben – klingt so klein und ist doch so groß! Denn genau in diesen alltäglichen Begegnungen und Momenten wird Gottes Reich gebaut und seine Gegenwart sichtbar.

Ich glaube, es ist sehr „deutsch", immer genau einordnen zu wollen, ob man denn nun „Gebet" oder „Seelsorge" oder „Lobpreis" auf dem Herzen hat. Und dann schließt man am liebsten gleich eine Ausbildung an, um dann auch auf dem Papier vorweisen zu können, dass man wirklich „Seelsorgerin" ist. Ich möchte hier Aus- und Weiterbildungen nicht kritisieren, sie sind enorm wichtig. Aber Gott setzt seine Kinder in den unterschiedlichsten Bereichen ein, wo er Bedarf hat. Keine Aufgabe ist „geistlicher" als eine andere. Deshalb dürfen wir einfach unserem Herzen folgen, in dem der Heilige Geist zu Hause ist, und uns freimachen von der Angst, weil wir vielleicht keine spezielle Ausbildung für etwas haben. Wenn sich dir eine Gelegenheit eröffnet und dein Herz berührt wird, weil du spürst, dass Gott dich genau dort hingestellt hat, dann singe, bete, ermutige, höre zu, umarme, evangelisiere und lass dich einfach von Gott gebrauchen. Und wenn du merkst, dass du an deine Grenzen stößt und dir eine Aus- oder Weiterbildung in einem spezifischen Bereich weiterhelfen könnte, dann darfst du diese auch machen.

Lasst uns mehr machen und weniger „darüber reden" und „dafür ausbilden". Wir sind alle Teil von Gottes Reich, und er will jede und jeden von uns, die sich zu den Jesus-Nachfolgern zählen, gebrauchen.

Stell dich ihm einfach zur Verfügung. Sag ihm: „Jesus, hier bin ich. Wo willst du mich heute gebrauchen? Ich will verfügbar sein." Und dann warte nicht auf den großen Knall oder das himmlische Post-it, das zu Boden segelt. Folge den Impulsen, die dir der Heilige Geist aufs Herz legt. Das können ganz kleine Dinge sein. Eine Mail. Einen Kuchen backen. Zum Eis einladen. Dem Ehemann oder auch einer Freundin die Füße massieren. Einen Gedanken auf Instagram posten. Es ist Gottes Wirken, wenn wir uns in seinem Reich einbringen. So kann er uns gebrauchen, wenn wir auf sein leises Reden hören und bereit sind, uns ihm zur Verfügung zu stellen.

Es lohnt sich so sehr, unsere Prioritäten auf Gottes Reich auszurichten. All diese kleinen und großen Dinge, die wir in Verbindung mit Jesus tun, haben ewig Bestand und hinterlassen ewige Spuren in unserem Leben und im Leben der anderen. Aber schon in unserem Leben hier auf der Erde verbreiten diese Dinge so viel Freude und spürbaren Segen. Im Vaterunser beten wir: „Dein Reich komme“ (Matthäus 6,10; LU). Und sein Reich kommt, wenn wir in Verbindung mit Gott leben. Dann wird es genau da sichtbar, wo wir sind, leben und wirken.

Hand aufs Herz

- ♥ Hast du dir schon einmal Gedanken darüber gemacht, was in deinem Leben Priorität hat?
- ♥ Wo wird Gottes Reich in deinem Leben sichtbar?
- ♥ Kennst du diese leise Stimme, die dich tagtäglich leiten will? Höre genau hin und folge ihr.

»Ich muss lernen, auf Gott zu hören, und darauf zu achten, dass ich seine Ziele verfolge und nicht meine.«

Gordon MacDonald

Gott legt Träume in mein Herz

Die Ernte ist groß, aber es sind nicht genügend Arbeiter da. Betet zum Herrn und bittet ihn, mehr Arbeiter zu schicken, um die Ernte einzubringen.

Matthäus 9,37–38 (Neues Leben)

Träume. Ich habe schon einige Male in meinen Büchern über Träume geschrieben. Immer wieder komme ich auf dieses Thema zurück und spüre, wie tief es mich berührt: Träume. Dabei ist es nicht so, dass ich bei diesem Wort bloß an wunderschöne Erfahrungen denke und nur davon spreche, wie sich Traum für Traum in meinem Leben erfüllt hat. Und ich gebe auch keine Bedienungsanleitung mit, was wir tun müssen, damit sich Träume erfüllen. Nein, so einfach ist es nicht.

Ich kenne auch die schmerzvollen Zeiten im Leben, in denen ich Träume loslassen musste. So wie einen mit Helium gefüllten Luftballon, der offensichtlich nicht für mich gedacht war. Zum Beispiel die Vorstellung von einer Familie. Das war zwar nicht unbedingt ein großer Herzenstraum, aber doch eine sehr klare Zukunftsvorstellung, wie mein Leben wohl verlaufen würde. Oder Beziehungen, in die ich mich hineingewagt hatte, weil ich davon ausgegangen war, dass sie in eine Ehe führen würden. Und dann die Sache mit dem Bild, das Gott mir geschenkt hatte. Ich sah Christian und mich von hinten, Hand in Hand, wie wir unseren Weg gingen. Dieses Bild hat in mir einen riesengroßen Traum wachsen lassen.

Von diesem Bild ausgehend war ich davon überzeugt, dass wir irgendwann gemeinsam eine Kirche gründen und uns dort hauptamtlich einbringen würden oder Ähnliches. Der Traum ergab für mich Sinn, da wir ja kinderlos sind und dadurch auch jede Menge Raum für etwas „so richtig Großes" haben.

Doch auch wenn die Verwirklichung des Traums nicht so richtig Fahrt oder Gestalt annehmen wollte, trug ich ihn doch als Verheißung in meinem Herzen. Im Grunde hatte Gott mir diesen Traum gar nicht zugesagt, aber ich hatte ihn von dem einen Bild weiterentwickelt und als „Verheißung von Gott" interpretiert. Als dann das Leben eine völlig andere Richtung einschlug, stand ich irgendwann weinend vor Gott und begriff, dass dieser Traum zu einem „Götzen" geworden war. Ich konnte mir eine Zukunft ohne Erfüllung dieses Traumes gar nicht so richtig vorstellen. Ich hatte nicht einmal intensiv mit Gott darüber gesprochen oder einen realistischen Blick auf unser Leben geworfen, inwiefern dieser Traum wirklich von uns gelebt werden sollte und auch konnte. Ich *wollte* diesen Traum einfach leben. Punkt. Aber in meiner Begegnung mit Gott fiel es mir plötzlich wie Schuppen von den Augen, und ich erkannte, dass ich selbst etwas geschaffen hatte, das mir half, an eine gute Zukunft zu glauben. Und in diesem Augenblick konnte ich den Traum endlich nach Jahren loslassen. Ich wollte frei sein für die Träume, die er für uns und unser Leben hat, und nicht stur meinem ganz eigenen Traum nachjagen.

Als ich diesen Traum, der in meinem Kopf und Herz überdimensional groß geworden war, loslassen musste, war das ausgesprochen schmerzhaft und eine echte Zäsur. Aber dieser Moment befreite mich innerlich dazu, mich auf mein wahres Leben einzulassen und mein wahres Leben wieder wertschätzen zu können. Durch diese Gottesbegegnung wurde auch meine Beziehung zu Gott wieder frei und unmittelbar. Anstatt nur den Traum vor Augen zu haben, sah ich wieder Gott. Den, der mir mein Leben geschenkt hat und jeden Tag an meiner Seite geht. Den, der so viel Gutes über mich denkt, der so gern vergibt und befreit und mich in eine neue Weite führt. Ich spürte seinen Herzschlag für mich und seine Liebe, die keine Grenzen hat und mich in meiner Bedürftigkeit umarmt und annimmt. Seine Gnade ist nicht an Bedingungen geknüpft, vielmehr eine ganz freie Entscheidung von ihm. Ich erkannte, dass ich auf dem Holzweg gewesen war, als ich irgendwelchen Träumen hinterherlief – ohne in Verbindung mit Gott zu sein. Und dass jeder einzelne Traum neben Gottes Gegenwart verblasst. Die Verbindung mit Gott ist so viel krasser und größer und tiefer. Kein Traum reicht an diese Beziehung zu Gott heran.

Trotzdem schreibe ich auch in diesem Buch schon wieder über Träume, und ich glaube immer noch daran, dass Gott uns Träume ins Herz legt. Ich glaube, dass er uns dazu ermutigt, groß zu träumen und auch Großes zu wagen. Warum ich das immer noch glaube? Weil ich immer mehr begreife, wie mächtig Gott ist und welche Möglichkeiten er hat, in unser Leben und in das Leben von allen anderen Menschen einzugreifen. Mein Verstand kann Gottes Größe nicht fassen, und doch habe ich eine Ahnung davon, wie kraftvoll und mächtig er ist. Schließlich ist er der Schöpfer der gesamten Welt und des Universums. All das, was wir sehen können und noch nicht sehen können, weil uns die technischen Möglichkeiten fehlen, hat er sich ausgedacht und kreiert. Christian forscht seit fünf Jahren als Chemie-Ingenieur rund um Kollagen und hat immer wieder erzählt, dass er im Grunde nur mikromäßig viel davon verstanden hat. Es braucht Jahre, um auch nur einen winzigen Teil von Gottes Schöpfung zu begreifen und durchblicken zu können. Wie groß, wie kreativ, wie intelligent muss also Gott sein, wenn Kollagen nur ein Protein von mehr als 20 000 Proteinen ist, die wir im menschlichen Körper finden. Gott ist ein Genie, durch und durch. Er denkt groß – oh ja, sehr groß. Sonst wäre doch nie so eine faszinierende Schöpfung entstanden – Menschen, die mit ihm persönlich in Beziehung treten können. Menschen, mit denen er ganz individuell Geschichte schreiben will.

Gott sehnt sich danach, dass jeder Mensch erkennt und begreift, wie viel Lebensfülle ihr himmlischer Vater schenken kann. In Johannes 10,10 (NL) steht dieser erfrischende und auch nachdenkenswerte Satz: „Ein Dieb will rauben, morden und zerstören. *Ich aber bin gekommen, um ihnen das Leben in ganzer Fülle zu schenken.*" Während ein Dieb nimmt, schenkt Jesus Leben, und das im Überfluss. Dabei muss ich an einen Becher denken, der bis zum Rand gefüllt ist und sogar überfließt. In einem solchen Leben in Fülle ist kein Platz für Mangel und Leere. Da ist nur noch Freude – in Hülle und Fülle.

Auch ich habe Zeiten erlebt, in denen ich viel Mangel gespürt habe und unter Kraftanstrengung durch den Tag „gehinkt" bin. Aber ich begreife immer mehr, wie viel ich durch Christus habe und was es bedeutet, aus der Fülle zu leben, die Gott mir schenkt. Das ist eine völlig andere Lebensrealität, ein ganz anderes Lebensgefühl. Ich erkenne immer mehr, wie reich mein Gott ist, und bin mir bewusst, dass ich als seine Tochter Miterbin seines Reiches bin. Gott will mir auch jetzt schon so viel zeigen und geben und diese Realität wird sich erst im Himmel vollenden.

Deswegen finde ich es total spannend, mit Gott zu träumen. Er will mir schon jetzt und heute so viel schenken und hat auch Träume für mein Leben. Das bedeutet aber nicht, dass ich jetzt verzweifelt den einen Traum für mein Leben erkennen und erfüllen muss. Diese Vorstellung ist ausgesprochen menschlich. Wir versuchen aus Angst, etwas zu kontrollieren, das man nicht kontrollieren kann, und den einen Traum, den Gott für uns hat, ja nicht zu verpassen. Nein, das Leben in Gottes Fülle schenkt uns Weite und Freiheit. Er lädt uns ein, mit ihm unterwegs zu sein und mit ihm gemeinsam unser Leben zu gestalten. Dabei muss es auch gar nicht in erster Linie darum gehen, welchen großen Lebenstraum er wohl mit mir erfüllen will. Vielmehr glaube ich, will er Tag für Tag seinen Traum mit uns leben. Konkret bedeutet das für mich, dass ich verfügbar für Gott bin: „Gott, gebrauche mich. Ich bin da. Ich bin verfügbar." Und dann darf ich gemeinsam mit ihm durch den Tag gehen. Vielleicht schenkt er mir eine kleine oder große Idee, der ich nachgehen darf – mutig und voller Zuversicht. Ich darf meine Angst vor dem Ungewissem loslassen und kann die Dinge in dem Bewusstsein angehen, dass er mich doch überallhin begleitet. Vielleicht kommt mir der Gedanke, einer Freundin eine Karte zu schreiben oder ein Buch zu schenken, das in ihre Situation hineinspricht. Dann darf ich genau das tun. Vielleicht lädt er mich aber auch ein, mit ihm in der Hängematte Zeit zu verbringen und einfach zu genießen, dass ich geliebt bin.

Früher habe ich immer gedacht, dass Gott mir „die ganz großen Dinge und Träume" offenbaren müsse. Aber mehr und mehr begreife ich, welche Fülle im Alltag steckt und wie reich Gott mich in meinem ganz gewöhnlichen Leben und in all den Begegnungen segnen und beschenken will. Da sind ihm keine Grenzen gesetzt. Gott will uns mitten in unserem Alltag erfrischen, erneuern, verändern und durch uns auch andere Menschen. Das Leben ist ein Zusammenspiel von vielen Menschen und ein Puzzle aus ganz unterschiedlichen

Situationen. Wir sind mittendrin und Gott ist mittendrin, und wenn wir mit ihm verbunden sind, verändert sich unser Leben und das Leben der Menschen um uns herum. Und größer kann doch ein Leben gar nicht sein, oder?

Ja, und manchmal schenkt Gott auch ganz klare Träume oder eine Vision. Das stellen wir uns oft super spektakulär vor, aber im Grunde kann das einfach der Wunsch sein, in der Gemeinde Lobpreis zu machen und die Gemeinde in Gottes Gegenwart zu führen. Oder aber die Leidenschaft, Kindern biblische Geschichten und dadurch Gott näherzubringen. Oder aber verstärkt für die Erweckung in der Gemeinde zu beten und dafür auch Gebetsveranstaltungen auf die Beine zu stellen. All das, was Gott aufs Herz legt und was dann auch Arme und Beine bekommt, ist eine gelebte Vision. Und ich glaube schon, dass wir manchmal aufgrund von Bequemlichkeit oder Unsicherheit einen Traum von Gott nicht wahr werden lassen. Gott hat ganz schön viele Ideen und Träume und wartet darauf, dass Menschen bereit sind und sich mit ihm auf den Weg machen.

Jesus sagte zu den Jüngern: „Die Ernte ist groß, aber es sind nicht genügend Arbeiter da. Betet zum Herrn und bittet ihn, mehr Arbeiter zu schicken, um die Ernte einzubringen“ (Matthäus 9,37–38; NL). Ich finde, das zeigt sehr deutlich, dass es viel zu tun gibt und Gott unzählige Ideen hat, wie und wo er durch uns wirken möchte, damit mehr Menschen ihn kennenlernen. Daher ist es auch so wertvoll, wenn wir uns ihm zur Verfügung stellen und offen sind für die kleinen und großen Ideen, die Gott mit uns teilt. Dabei ist es aber auch so wichtig, dass wir nicht aus Angst und falscher Motivation alles Mögliche anpacken und am Ende ausgepowert zurückbleiben.

Es ist eine Gratwanderung, die nicht einfach zu lösen ist. Denn es gibt so viel zu tun und ja, wie Jesus sagt, zu wenige

Mitarbeiter in Gottes Reich. Und dennoch ist Gott kein Gott der Hetze und Hast, der uns wie ein Sklaventreiber von einem Auftrag zum nächsten jagt. Nein, Gott ist ein liebevoller Vater, ein guter Hirte, der jedes Schaf im Blick hat und auch weiß, was das Schaf gerade zu geben hat. Gott bietet uns Raum, um bei ihm zur Ruhe zu kommen und jede Hast hinter uns zu lassen.

Und Fülle bedeutet auch, dass Gott Überraschungen für uns bereithält – unerwartete Wendungen im Leben, neue Wege, offene Türen, größeren Raum, Segensgeschenke. Manchmal legt er uns Ideen ins Herz, mit denen wir nie gerechnet hätten. Vielleicht fangen wir ganz zögerlich an, die Idee zu ergreifen und erste kleine Schritte zu gehen. Und plötzlich spüren wir, wie sehr er jeden Schritt segnet und wie nach jedem Schritt ein nächster folgt und wir mehr und mehr erfahren, wie ein Traum vor unseren Augen Wirklichkeit wird. Dabei fängt unser Herz an zu singen und Gott zu preisen. Der Traum ist nicht mehr wichtiger als Gott – im Gegenteil: Der Traum schafft eine tiefe Verbindung zu Gott und eine neue Innigkeit, weil wir wissen, wem wir diesen Traum zu verdanken haben.

Ich will mein Leben lang mit Gott träumen – große und kleine Träume. Ich will erleben, wie Gott sein Reich in dieser Welt sichtbar werden lässt und auch in meinem ganz kleinen persönlichen Leben. Gott ist groß und er hat viele große und viele kleine Träume für mein Leben. Und ist am Ende nicht jeder kleine erfüllte Traum auch groß und jeder große Traum auch irgendwie klein? Diese Dimensionen verändern sich, wenn wir unseren Blick auf denjenigen richten, der aus seiner Fülle Träume in unserem Leben wahr werden lässt: Gott selbst. Er ist es, der mit uns träumen will.

Hand aufs Herz

- Tauche tief ein in die Fülle Gottes, er hat so viel Gutes für dich!
- Gibt es einen Traum, den du loslassen solltest, um im Herzen wieder Platz für Gott zu haben?
- Welchen Traum legt Gott dir heute vielleicht ins Herz? Lass dich darauf ein, dass er in deinem Herzen Wirklichkeit wird.

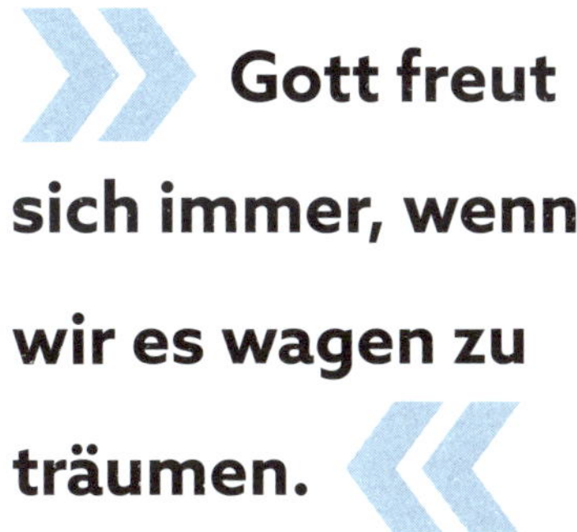

Gott freut sich immer, wenn wir es wagen zu träumen.

Max Lucado

Liebe dich selbst

Was wirklich Halt gibt

Wer auf mich hört und danach handelt, ist klug und handelt wie ein Mann, der ein Haus auf massiven Fels baut. Auch wenn der Regen in Sturzbächen vom Himmel rauscht, das Wasser über die Ufer tritt und die Stürme an diesem Haus rütteln, wird es nicht einstürzen, weil es auf Fels gebaut ist.

Matthäus 7,24–25 (Neues Leben)

Ganz tief im Herzen bewegt uns Menschen eine Frage: „Wer bin ich?" Oder wie der Philosoph Richard David Precht den Buchtitel seines Bestsellers mit einem Augenzwinkern gewählt hat: „Wer bin ich und wenn ja, wie viele?" Eine Frage, auf die jeder Mensch eine Antwort finden muss. Eine Frage, auf die das Herz eine Antwort geben darf.

Stell dir vor, wir würden uns auf einem Fest an der Candy-Bar begegnen, ins Gespräch kommen, und ich würde dir die Frage stellen: „Wer bist du?" Was würdest du mir antworten? Vielleicht, dass du Simone heißt, Single oder verheiratet bist, vielleicht auch Mutter. Wahrscheinlich würdest du dann auf deinen Beruf zu sprechen kommen, weil er so viel über deine Begabungen und Leidenschaften aussagt. Ja, all diese Dinge würden mir ein Bild davon vermitteln, wie dein Alltag aussieht, was dein Leben ausmacht. Und trotzdem: Am Ende sind all das nur Fakten über dich und dein Leben – das Bild bleibt unvollständig. Und der Kern der Frage „Wer bist du?" wäre nicht beantwortet. Wer bist du – tief in dir drinnen –, ohne dass du deine Rollen im Leben erwähnst und deine Begabungen auflistest?

Wer bist du – tief in dir drinnen?

In einer mehrwöchigen Auszeit war ich in der wunderschönen Natur des Schwarzwalds unterwegs und plötzlich kam mir genau diese Frage in den Sinn: „Nelli, wer bist du?" Puh, klare Frage, klares Unwissen. Ähm, ja, wer bin ich, wenn ich so spontan gefragt werde? Zu dieser Zeit schrieb ich weder an einem Buch, noch bereitete ich mein nächstes Frauenevent vor. Und außerdem war ich auch viele Kilometer von meinem Mann entfernt. Ich erhielt in diesen Tagen weder eine WhatsApp-Nachricht noch einen Telefonanruf von meinen liebsten Menschen, weil ich mir selbst einen Social-Media-Detox verordnet hatte. Ich war also raus aus meinem normalen Alltag, raus aus meinem beruflichen Umfeld. Allein in der Natur, nur mit mir selbst. Und dann diese Frage: „Nelli, wer bist du?"

Ich ließ diese Frage zu und schaute sie mir von allen Seiten an. Ich hielt die Spannung einfach mal aus, ohne gleich hastig die „richtige" Antwort in das imaginäre leere Kästchen zu kritzeln. Beim Nachdenken wurde mir bewusst, dass ich in großem Maße durch meine Rolle als Ehefrau oder als öffentliche Sprecherin oder als Autorin oder als Freundin definiert wurde. Vieles hing mit meiner Leistung und meinen Rollen im Leben zusammen, die mir geschenkt worden sind. Jetzt, wo all das nicht vor Ort und in die Ferne gerückt war, spürte ich viel leeren Raum in mir, der auf diese Frage eine tiefere Antwort brauchte als das, was ich gewöhnlich anführte.

Diese Begegnung mit meinem Herzen verwandelte sich für mich in eine Einladung zu einer Gottes-Begegnung. Eine Einladung, mit ihm darüber zu sprechen, wie es gerade in mir aussah. Ihm meine Herzens-Wirklichkeit zu offenbaren –

auch das, was ich am liebsten schnell abgedeckt hätte, weil ich mich furchtbar nackt und bedürftig und schwach fühlte.

Und doch ist es gut, wenn wir diese Spannung aushalten und Gott unser wahres Ich zeigen (nicht, dass er es nicht schon kennen würde :-)). In der Begegnung mit Gott passiert etwas, wonach sich unser Herz so sehnt: Er füllt unser bedürftiges Herz mit tiefer, echter Liebe. Er bejaht uns, wie kein Mensch und keine Rolle es jemals tun könnten. Er schenkt uns kraftvolle Bestätigung. Ja, Gott verleiht uns eine ewige Identität, die nur er selbst schenken kann. Er schaut uns ins Herz, er schaut uns in die Augen und sagt: „Ich liebe dich! Du bist mein geliebter Sohn! Du bist meine geliebte Tochter! Ich liebe dich!“

Dabei fragt er weder nach unserer Familie noch nach unseren Followerzahlen auf Instagram noch nach unserer beruflichen Karriere oder unserer Biografie. Es ist nicht so, als würde er sich nicht für all die Dinge interessieren, die uns betreffen. Aber wenn es um unsere wahre Identität geht, sind sie für ihn nicht von Bedeutung. Wenn wir uns auf diese Verbindung zum Höchsten einlassen, dann verleiht er uns eine ewige Identität, der nichts und niemand etwas entgegensetzen kann. Der Kontakt zum eigenen Kind kann abbrechen, eine Beziehung kann auseinandergehen, der tollste Beruf kann sich in Luft auflösen, auch ein Körper mit Idealmaßen kann krank werden. Wenn wir unsere Identität an all diesen Dingen festmachen, kann das zu einem bösen Erwachen führen. Aber wenn wir unsere Identität auf das Fundament von Jesus „bauen“, dann schafft das eine Stärke und Sicherheit im Leben, die nicht von äußeren Dingen abhängig ist und damit nicht zerbricht.

In seiner Bergpredigt greift Jesus treffenderweise das Bild vom Hausbau auf und stellt zwei Szenarien nebeneinander (nachzulesen in Matthäus 7,24 ff.). Im ersten Szenario hat das Haus auf dem Felsen Halt, denn es ist massiv und auf einem festen Fundament erbaut, und trotz Stürmen und Unwettern bleibt es unversehrt. Anders dagegen das Haus, das auf Sand gebaut ist. Das tosende Unwetter fegt einmal über das Haus hinweg und schon kracht es ein. Das Haus mag aus dem gleichen Material erbaut worden sein, aber das Fundament ist ein anderes. Mit diesem Bild ermutigt Jesus seine Zuhörer: „Wer auf mich hört und danach handelt, ist klug und handelt wie ein Mann, der ein Haus auf massiven Fels baut. Auch wenn der Regen in Sturzbächen vom Himmel rauscht, das Wasser über die Ufer tritt und die Stürme an diesem Haus rütteln, wird es nicht einstürzen, weil es auf Fels gebaut ist" (Matthäus 7,24–25; NL).

Dieses Gleichnis habe ich schon als Kind häufig im Kindergottesdienst gehört und verinnerlicht. Es schien mir so leicht zu sein, nur auf Felsen zu bauen. Doch wenn man älter wird, erkennt man, wie verlockend es wirkt, auf Sand zu bauen, und erst das Leben offenbart, wo wir das tatsächlich getan haben. Es sind am Ende die vielen kleinen und großen Entscheidungen, mit denen wir unser Lebenshaus bauen. Und tatsächlich wird oft erst dann sichtbar, welche Teile des Lebens auf Sand gebaut waren, wenn ein Sturm über uns hinwegfegt.

Während meiner Auszeit wurde mir bewusst, wie oft ich auf Sand gebaut hatte. Ja, eigentlich immer da, wo mir Jesus Christus allein in meinem Leben nicht (mehr) genügte. Wo ich ein „Jesus Christus +" brauchte, um mich wertvoll und geliebt zu fühlen. Und seien wir einmal ganz ehrlich: Wie oft geschieht das? Auch uns, die wir Jesus nachfolgen und im Grunde wissen, dass seine Liebe ausreicht und vollkommen genügt? Wo wir dann doch zu einem guten Selbstwertgefühl einen attraktiven Ehemann brauchen und vorzeigbare Kinder und ein schönes Haus und eine Top-Figur und einen tollen Beruf und liebe Freundinnen und viel Geld und den neuesten Thermomix und einen schicken Haarschnitt und, und, und ... Unser Herz schreit immer nach mehr und verspricht uns, dann wirklich zufrieden zu sein. Aber tatsächlich ist es so, dass die Bedürfnisse unseres Herzens nie gestillt sein werden. Es sei denn, wir kommen in Gottes Liebe innerlich zur Ruhe.

In meiner Auszeit sah ich plötzlich vor meinem inneren Auge, wie meine Identität wirklich aussah. Überall dort, wo es Löcher gab und mir etwas fehlte, kompensierte ich das und stopfte etwas hinein, um den Mangel nicht länger zu spüren. Ich kompensierte und kompensierte und hatte mir eine Identität aufgebaut, die schon auch irgendwie auf dem Fundament von Jesus Christus stand. Aber (leider) nicht nur darauf – stattdessen auch auf meinem Ehemann, auf meinem Beruf, auf meinem sozialen Umfeld und vielem mehr. Na, wunderbar. Da schreibe ich seit Jahren über das Thema „Identität" und spreche auf Events und dann so was.

Ich war nicht gerade begeistert über diese schmerzliche Erkenntnis. Ich entdeckte plötzlich diese „Identitätswunde" meines Lebens, die ich stiefmütterlich behandelt hatte. Ich erkannte, dass ich neben Christus so viele andere Dinge „gebraucht hatte", um mich gut zu fühlen. Diese Erkenntnis traf mich mit voller Wucht – und brachte mich auf meine Knie. Ich bat meinen Gott, der mich mehr liebt als jeder andere, um Vergebung und ließ zu, dass er diese „mehr schlechte als rechte" Identität wegriss, um mein Leben dann wieder auf ein gutes Fundament zu stellen. Dieser Prozess war eine tiefgründige und sorgfältige Herzensreinigung. Doch sie befreite mich davon, Mängel kompensieren zu müssen. Ich öffnete mein Herz und meine Hände ganz neu für Jesus und empfing tiefe bedingungslose Liebe. Ich fühlte und begriff: Jesus sieht mich – so vollständig, wie nur er mich sehen kann. Und er liebt mich. So stark, wie mich sonst niemand lieben kann – auch ich selbst nicht. Ja, ich fühlte mich gesehen und geliebt von Jesus.

Tatsächlich würde ich mir in solchen Momenten wünschen, dass ich die Botschaft ein für alle Mal verstehe und verinnerliche. Aber Fakt ist: Wir sind keine Maschinen, die einmal eingestellt werden und dann für alle Ewigkeit funktionieren. Wir sollten immer wieder neu die Entscheidung treffen, unsere Identität auf Jesus zu bauen und unseren Mangel von Jesus stillen zu lassen. Stattdessen klammern wir uns an Menschen oder Titel oder Reichtum oder Leistung oder anderes, um daraus unseren Wert zu beziehen. Doch wir dürfen jedes Mal neu die Entscheidung treffen, das alles loszulassen, um unsere Identität von Jesus allein zu beziehen. Und diese Identität verleiht unserem Leben Wurzeln, denen kein Sturm etwas anhaben kann. Genauso werden dadurch die schönsten Blüten wachsen, weil die Identität auf dem fruchtbarsten Boden aufblühen darf: Jesus Christus selbst.

Hand aufs Herz

- Hast du dich schon einmal damit beschäftigt, wer du bist – wer du *wirklich* bist?
- Worauf gründet deine Identität?
- Gibt es einen Bereich in deinem Leben, in dem du momentan auf Sand baust?

» Geliebte zu sein, das ist unsere Identität, der Kern unseres gesamten Seins. «

Brennan Manning

Wenn ich schwach bin, bin ich stark

Jedes Mal sagte er [Jesus]: „Meine Gnade ist alles, was du brauchst. Meine Kraft zeigt sich in deiner Schwäche." Und nun bin ich zufrieden mit meiner Schwäche, damit die Kraft von Christus durch mich wirken kann.

2. Korinther 12,9 (Neues Leben)

Zum Menschsein gehört Stärke, aber auch Schwäche dazu. Wir sind nun einmal keine Maschinen, die wie ein Uhrwerk laufen. Wir sind Menschen aus Fleisch und Blut. Das bedeutet, dass wir müde und krank werden, uns manchmal kraftlos und geschwächt fühlen. Wenn man eine Frau ist, kommt dann auch der monatliche Zyklus hinzu, der gelegentlich Stimmungsschwankungen bereitet oder durch den wir einfach enorm müde sind oder sogar starke Schmerzen ertragen müssen. Alle Menschen werden älter und mit der Zeit lässt auch hier und da die Leistungsfähigkeit nach und am Ende stirbt jeder einzelne Mensch. Es liegt auf der Hand: Schwachheit gehört zu jedem Leben dazu. Schwachheit ist einfach Teil des Lebens.

Trotzdem wollte ich genau das lange Zeit nicht akzeptieren. Statt die Schwachheit zu umarmen, weil sie eben zum Leben dazugehört, versuchte ich lange Zeit, meine Schwäche zu ignorieren, von mir wegzuschieben. Wenn sie dann mal in Form von Kopfschmerzen oder Erschöpfung bei mir anklopfte, schluckte ich eben schnell eine Tablette und versuchte, sie zu überwinden und eben einfach weiterzumachen. So habe ich lange versucht, stark zu sein oder zumindest nach außen stark zu wirken. Schwäche war für mich ein Spielverderber, den ich möglichst klein- und von mir wegzuhalten versuchte. Meine Strategie: ignorieren, kaschieren, nicht hinhören – einfach weitermachen.

Wir alle sind Teil einer Leistungsgesellschaft und als solche zählt für uns Leistung. Das, was wir fertigbringen. Der Output. Unser Tun. Das, was wir schaffen, scheint wichtiger zu sein als die Frage, unter welcher Anstrengung wir das schaffen, wie es uns damit geht und ob es uns damit überhaupt gut geht. Vielleicht haben wir auch schon auf der Arbeit oder im Freundeskreis die Erfahrung gemacht, dass andere ganz enttäuscht reagiert haben, wenn wir mal „eingeknickt" sind und durch unsere „Nicht-Leistung" enttäuscht haben.

Ich kenne diese Momente, in denen ich Menschen enttäuscht habe, aus eigener Erfahrung. Da hatte ich zugesagt, an einer Fahrradtour teilzunehmen, und musste dann doch absagen, weil es mir nicht gut ging. Was eigentlich doch in Ordnung sein sollte, war für andere traurig und „unzuverlässig". Weil ich aber doch unter allen Umständen zuverlässig sein und stark wirken wollte, stand ich unter einem immensen Druck, wenn ich aus irgendwelchen Gründen irgendwo absagen musste. Dabei ging es mir dann wirklich nicht gut, schließlich bin ich sehr gern unter Menschen und freue mich immer über schöne Gemeinschaftsaktivitäten. In solchen Situationen gerieten mein Streben nach Harmonie und der Wunsch, zuverlässig zu sein, mit meinem Gefühl der Schwäche aneinander, und es kam zu einem inneren Armdrücken. Echte Spannungsmomente, die mich schier verzweifeln ließen. Irgendwie stolperte ich so durch Schwäche-Momente und war nicht in der Lage, sinnvoll damit umzugehen.

Vielleicht kennst du das ja auch: Du willst „funktionieren", alles gut hinkriegen, nie absagen – und bist völlig überfordert, wenn du dann doch jemandem absagen musst? Oder um Hilfe bitten musst? Dich krankschreiben lassen musst, weil es einfach nicht mehr geht? Dich aus einem Ehrenamt zurückziehen musst, eine Verabredung canceln musst? Schwäche zeigen musst?

Ich glaube inzwischen, dass „Schwäche" für Gott kein Problem darstellt. Im Gegenteil: Er knüpft an unserer „Schwäche" an und verwandelt so Schwäche in eine neue Stärke. Diese Lektion durfte ich schon das ein oder andere Mal lernen und ich werde sie sicher immer wieder durchbuchstabieren müssen. Es ist ein echtes Mysterium, wie Gott Schwäche verwandelt, aber offensichtlich kann und tut er das. Am sichtbarsten wird dieses Geheimnis in der Person von Jesus Christus, der nach Folter und großem Leiden blutüberströmt am Kreuz hängt und stirbt. Ein Zeichen für Stärke wäre doch, wenn er vom Kreuz heruntersteigen würde, oder? Und Schwäche ist es doch wohl, dass er sich wirklich von Menschen, die er selbst als Teil der Dreieinigkeit geschaffen hat, kreuzigen lässt, oder? Und wie groß ist die Schwäche, dass Gott, der seine Stärke triumphal präsentieren könnte, sich dazu entschließt, sich selbst hinzugeben und am Ende wirklich zu sterben. Schwäche pur. Könnte man meinen.

Aber genau das ist es nicht. Diese vermeintliche Schwäche wird zu einer Kraft, die die gesamte Welt, das ganze Universum auf den Kopf stellt. Mit dem Kreuzestod von Jesus wird die Verbindung zu Gott wiederhergestellt und Vergebung jedem ermöglicht, der erkennt, wie sehr er darauf angewiesen ist. Seine Schwäche ist Stärke, durch die wir leben können. In Jesaja 53,3–5 (NL) steht: „Er wurde verachtet und von den Menschen abgelehnt – ein Mann der Schmerzen, mit Krankheit vertraut, jemand, vor dem man sein Gesicht verbirgt. Er war verachtet und bedeutete uns nichts. Dennoch: Er nahm unsere Krankheiten auf sich und trug unsere Schmerzen. Und wir dachten, er wäre von Gott geächtet, geschlagen und erniedrigt! Doch wegen unserer Vergehen wurde er durchbohrt, wegen unserer Übertretungen zerschlagen. Er wurde gestraft, damit wir Frieden haben. Durch seine Wunden wurden wir geheilt!“

Jesus geht für uns in den Tod und nimmt es auf sich, schwach zu sein. Und er trägt die Last unserer Schwäche und schenkt uns sich selbst. Er rennt nicht vor dieser Erfahrung der Schwäche davon, er geht darauf zu und überwindet sie.

Vor Kurzem fühlte ich mich zunehmend schwächer. Mein Immunsystem konnte sich irgendwie nicht richtig wehren und nahm alles mit, was es kriegen konnte. Häufig war ich gesundheitlich ausgeknockt und an kreative Arbeit war nicht zu denken. Ich verordnete mir selbst längere Pausen und nutzte die eventfreien Zeiten, um wieder zu Kräften zu kommen. Doch ich wurde immer wieder zurückgeworfen und hatte einfach keine Kraft mehr zu arbeiten. Ich machte mir in dieser Zeit immer mehr Gedanken darum, wie es bloß weitergehen sollte. Die Schwäche, die ich von mir wegzudrücken und kleinzuhalten versuchte, wurde für mich gefühlt immer größer und bedrohlicher. Sie nahm immer mehr Raum in meinem Leben ein und sorgte gleichzeitig dafür, dass mein Lebensraum sich zunehmend verkleinerte. Ich zog mich immer mehr von Menschen zurück, weil ich keine Kraft hatte, mich mit ihnen zu verabreden. Auch ging ich immer seltener raus an die frische Luft, weil ich eine so starke Müdigkeit empfand und nach nur wenigen Metern schon ausgepowert war. Und dann stand ich ja auch noch kurz vor der nächsten Event-Welle, die mir riesengroß vorkam.

Am liebsten hätte ich mich einfach in die Ecke gesetzt, hätte mir die Decke über den Kopf gezogen und gewartet, bis es mir besser geht. Aber es half nicht, ich musste eine Entscheidung treffen: Sollte ich all diese schönen Events absagen? Sollte ich die Events machen? In solchen Zeiten gibt es keine Muster-Lösung, vielmehr ist es ein Suchen und ein Ringen nach dem guten Weg, oder?

Ich sprach mit Gott darüber, was ich machen sollte. Ich hatte so viel Lust, die Events zu machen. Gleichzeitig auch so große Angst davor, den Events nicht gewachsen zu sein und dann doch kurzfristig alles canceln zu müssen. Durch das Ringen und Fragen und Reden mit Gott und der Suche nach meinem Weg hatte ich immer mehr den Eindruck, dass Gott mir zusprach, dass ich es nicht allein schaffen würde – aber mit ihm wäre es möglich. Nur mit ihm könnte ich es schaffen. Menschlich gesehen befand ich mich in einer „Schwäche-Position" und müsste zu Hause bleiben. Aber in diesem Fall hatte ich den Eindruck, dass er meine Schwäche zu seiner Ehre gebrauchen würde. Und so willigte ich ein und war bereit, diese Events gemeinsam mit ihm in Angriff zu nehmen.

Ja, und dann ging es los. An sechs Wochenenden hintereinander hatte ich Termine und durfte ganz unterschiedliche Gemeinden besuchen. Mir fehlte die Kraft für eine gute Vorbereitung, ich fühlte mich alles andere als stark und in der Lage, Frauen zu begeistern. Aber ich wusste: Gott ist da und er lebt mit seinem Heiligen Geist in mir. Auf diese Gewissheit verließ ich mich vertrauensvoll.

In dieser Zeit wurde mir der Vers aus 1. Korinther 4,11 (NL) wichtig – in gewisser Weise mein Leitvers für die kommenden Wochen: „Doch diesen kostbaren Schatz tragen wir in zerbrechlichen Gefäßen, nämlich in unseren schwachen Körpern. So kann jeder sehen, dass unsere Kraft ganz von Gott kommt und nicht unsere eigene ist.“ Und es war krass: Bei jeder Veranstaltung fühlte ich mich alles andere als stark. Ich konnte mich nicht so intensiv vorbereiten wie sonst. Auch fühlte ich mich körperlich nicht wirklich gesund. Manchmal kämpfte ich mit Müdigkeit, ein anderes Mal mit Heiserkeit. Ich hatte auch gar keine Kraft, meine Schwäche zu verbergen oder zu tarnen. Ich stellte mich Jesus zu Verfügung – so wie ich war. Und ging immer mit ihm auf die Bühne, weil es nur durch ihn möglich war.

Ich verbarg meine Schwäche nicht. Stattdessen fühlte ich mich frei, auch davon zu erzählen, was ich gerade erlebte. Ich offenbarte meine Schwäche und ließ zu, dass Gott den Vortrag so gebrauchen konnte, wie er wollte. Ich versuchte nicht länger, die Kontrolle zu haben und Stärke zu zeigen. Und es war erstaunlich: Ich erlebte in dieser Zeit so stark wie nur selten, dass Gott bei meinen Vorträgen das Ruder übernahm und mir die richtigen Worte in den Mund legte. Auch nahm er mir die Heiserkeit oder die Kopfschmerzen, wenn ich auf die Bühne ging. Er versorgte mich mit dem, was ich in diesem Augenblick brauchte – auch im Hinblick auf die ganz praktischen Dinge wie eine gute Stimme oder einen klaren Kopf.

Nach den Vorträgen kamen viele Frauen auf mich zu und erzählten davon, dass sie berührt und gesegnet worden waren. Auch ich selbst erlebte Gottes Gegenwart auf besondere Weise. Ganz erfüllt machte ich mich dann auf den Rückweg.

Nach den Events fühlte ich jedoch meist eine intensive Schwäche und zog mich gleich wieder zurück, weil ich sehr viel Ruhe brauchte. In den Tagen danach kämpfte ich mit meiner Schwachheit, die mir wie ein Feind vorkam. Ich musste lernen, sie anzunehmen und den Tag im Vertrauen darauf, dass ich nichts unter Kontrolle haben muss – schon gar nicht mein Leben –, in Angriff zu nehmen. Aber Gott hatte mein

Leben in der Hand und ihm durfte ich vertrauen. Auch in diesen Zeiten, die für mich gekennzeichnet waren von körperlicher Schwäche.

Ann Voscamp schreibt in ihrem Buch *Durch meine Risse scheint sein Licht* davon, wie Gottes Licht durch ihre Zerbrochenheit strahlt, durch ihre Schwäche. Mich berührt diese Sichtweise von Schwäche sehr und ich begreife immer mehr: Meine Schwäche ist eine Einladung an Gott, seine Stärke zu zeigen. Warum sollte ich also Angst vor ihr haben oder davor weglaufen wollen? Warum sollte ich sie bekämpfen und als Feind betrachten? Ich lerne, loszulassen – die Kontrolle über mein Leben – und mich wirklich mit meiner Stärke und meiner Schwäche Gott anzuvertrauen. Er will mit mir und durch mich handeln, und zwar genauso, wie ich gerade bin. Ganz unabhängig davon, ob ich mich stark oder schwach fühle. In einem Lied des Gebetshauses Augsburg berührte mich einmal eine Zeile sehr, in der es sinngemäß hieß: „Mit allem, was ich hab und bin, und mit allem, was ich nicht hab und nicht bin, will ich dich ehren."

Ich muss mich nicht um Stärke bemühen oder Schwäche unterdrücken. Ich darf mich genauso, wie ich bin, Gott zur Verfügung stellen. Und er wird mich gebrauchen, weil er mich gebrauchen will. In der Schwäche scheint sein Licht häufig umso heller. Darum müssen wir keine Angst vor Schwäche haben.

Paulus, der für seine großen Glaubensleistungen und Missionserfolge bekannt ist, verrät im 2. Korintherbrief 12,9 (NL) sein Geheimnis: „Jedes Mal sagte er [Jesus]: ‚Meine Gnade ist alles, was du brauchst. Meine Kraft zeigt sich in deiner Schwäche.' Und nun bin ich zufrieden mit meiner Schwäche, damit die Kraft von Christus durch mich wirken kann." Er war mit Schwäche und Leiden, mit Zeiten der Verfolgung und der

Anstrengung vertraut. Menschlich betrachtet werten wir diese Zeiten ja häufig als Misserfolg oder Phasen, die wir möglichst schnell hinter uns bringen wollen. Aber Paulus begriff tief in seinem Herzen, dass Gott sich gerade in diesen unvollkommenen Zeiten offenbaren und kraftvoll wirken will.

Ja, es ist ein Mysterium, wie Gott unsere Schwäche in Stärke verwandelt. Vielleicht geschieht es dadurch, dass ich mich in meiner Schwäche auf ihn stütze und besser als sonst begreife, dass ich es ohne ihn gar nicht schaffen kann. Ich wünsche mir, dass diese Wahrheit immer mehr zu meiner Lebenshaltung wird und ich auch in den „starken" Zeiten des Lebens um meine Schwachheit weiß und wie sehr ich jederzeit von Gott abhängig bin. Denn: Nur durch Gott bin ich stark.

Hand aufs Herz

- Wie gehst du persönlich mit Schwäche um?
- Hast du schon einmal erleben dürfen, dass Gott auch deine Schwäche in etwas Gutes verwandelt hat?
- Was würde sich verändern, wenn du deine Schwäche annehmen würdest?

»Schwächen trennen uns nicht von der Gnade. Im Gegenteil, Gott wendet sich uns umso mehr zu.«

Ann Voskamp

Wenn das Leben schmerzt

Wenn du durch Wasser gehst, werde ich bei dir sein. Ströme sollen dich nicht überfluten! Wenn du durch Feuer gehst, wirst du nicht verbrennen; die Flammen werden dich nicht verzehren! Denn ich bin der Herr, dein Gott, der Heilige Israels, dein Heiland.

Jesaja 43,2–3 (Neues Leben)

Theoretisch wusste ich ja, dass das Leben einen aus der Bahn werfen kann. Natürlich, es ist ja voller Risiken: Krankheiten, Tod, Arbeitslosigkeit, Beziehungsprobleme, finanzielle Engpässe. Vieles kann passieren, aber doch gefühlt eher den anderen, oder? Bis es eben auch uns traf. Und das tat unglaublich weh. Mein Mann Christian erkrankte an einer Depression. Christian und eine Depression? Undenkbar, niemand konnte es glauben. Er hatte doch so eine tolle Ausstrahlung und setzte sich ein und engagierte sich und war immer so positiv gestimmt. Christian war es doch, der so häufig als Fotograf in andere Länder reiste, um dort für Hilfsprojekte Eindrücke zu sammeln und Bilder zu schießen. Der „plötzlich und unerwartet" die Frau seines Lebens traf (mich ☺) und ihr innerhalb weniger Wochen einen Heiratsantrag machte und sie nach nur neun Monaten heiratete. Der gemeinsam mit ihr dann auch jahrelang die Jugendgruppe der Kirche leitete und gern auf Reisen war. Ja, all das stimmte, aber dennoch wurde mein geliebter Ehemann plötzlich krank.

Ich kann mich noch an diesen Moment erinnern, als wir im Sommer auf der Wiese lagen und uns unterhielten und er irgendwann sagte: „Ich weiß gar nicht mehr, wann ich zum letzten Mal echte Freude verspürt habe." Ein ehrlicher Moment, der mein Herz total berührte. Ich versuchte, ihm dann all die tollen Dinge aufzuzählen, bei denen ich meinte, dass er sich doch gefreut habe. Da war doch so viel Gutes in unserem Leben. Aber langsam begriff ich, dass schöne Dinge vielleicht im Kopf als „schöne Erfahrung" abgespeichert sein können, aber diese Freude auch im Herzen zu fühlen und sie wirklich als „schön" erlebt zu haben, doch zwei ganz unterschiedliche Dinge sind. Meine Alarmglocken begannen zu läuten, aber gleichzeitig versuchte ich mir auch einzureden, dass sein Zustand sich schon „von allein geben wird" und das Ganze „nur so eine Phase ist". Aber nein, es war keine Phase, sondern das langsame Begreifen, dass mein Mann handfeste Probleme hatte. Monate für Monate schlitterte er tiefer in die Depression hinein. Sein Lebensmut war ausgepustet wie eine Kerze, die man vor der Nacht ausmacht. Plötzlich ging alles ganz schnell. Nachdem ein Arzt geraten hatte, „esst kurz, packt die Sachen und dann in die Klinik", gingen wir recht benommen zum Auto. Ich schaltete in den „Funktionieren"-Modus, und wir machten genau das, was der Arzt gesagt hatte. Ich brachte meinen Mann zur Klinik, verabschiedete mich mit einem schweren Herzen – ohne zu wissen, was da jetzt auf ihn, auf uns, auf mich zukommen würde. *Wie lange wird er weg sein? Was wird mit ihm, mit uns durch diese Erkrankung passieren?* Mit vielen Fragen fuhr ich nach Hause.

Die Zeit, die jetzt anbrach, war wirklich hart. Schmerzhaft. Tat enorm weh. Die Depression wirkte sich auf unser gesamtes Leben aus. Freunde und Familie zu treffen stand nicht mehr auf Christians Agenda, wenn überhaupt, dann nur ganz selten und ganz kurz. Mein Herz fühlte sich oft schwer an – so voller Sorge und Angst. Dabei musste ich doch gerade jetzt die Ermutigerin sein, oder? Aber warum gelang mir das so schlecht? Schuldgefühle machten mir das Herz schwer. Viele Blicke in die Vergangenheit, die die Blüten der Krankheit sichtbar werden ließen. Das tat sehr weh. In die Zukunft schauen? Das schmerzte auch. Ich wusste einfach nicht, wie unsere Lebensperspektive nun aussehen würde. Und der Blick in die Gegenwart – tat genauso weh. So viel Unsicherheit, Kontrollverlust, Ohnmacht.

Diese zwei bis drei Jahre waren für mich wie der „Zerbruch" unseres Lebens. Im Grunde erschütterte diese Krise alles. So vieles von dem, was für uns bis dahin immer alltäglich gewesen war, brach weg. Die Normalität, unsere vermeintliche Sicherheit im Leben, Beziehungen und Freundschaften befanden sich streckenweise gefühlt in einer Art Wartestellung. Gleichzeitig stellte diese Zeit aber auch meine persönlichen Glaubenssätze und mein Gottesbild auf den Prüfstand. Wenn ich ehrlich war, muss ich gestehen, dass ich tief in mir davon ausging, dass mir als engagierter Jesus-Nachfolgerin nichts „total Schlimmes" passieren könnte. Klar, hier und da mal Herausforderungen, aber nichts wirklich essenziell Schlimmes. Daher rüttelte diese Zeit auch an meinem Gottvertrauen. Ich stellte infrage, ob Gott wirklich gut ist, ob er wirklich unser Halt im Leben sein will und kann. Schenkt er uns wirklich Sicherheit – auch wenn das Leben sich in ein völliges Chaos verwandelt? Wo war er in diesem ganzen Durcheinander? Schwere Fragen. Leiden auf so vielen Ebenen. Vielleicht kennst du auch solche Zeiten oder steckst sogar jetzt gerade in so einer Zeit des Leidens? Ich will dir sagen: Du bist nicht allein. Auch ich kenne schwere Zeiten. Genauso wie ich erleben durfte, dass es eine Zeit nach der Zeit des Leidens gibt.

Eine Zeit, in der es so viel heller und leichter wird. Hab Mut, es wird gut!

Durch diese Umwälzungen in unserem Leben kamen auch meine eigenen (ungesunden) Glaubenssätze immer mehr zum Vorschein. Viele Menschen wollten sich mit uns treffen und Zeit mit uns verbringen, aber das war ja nicht so wirklich möglich, weil es Christian schlecht ging, und so musste ich häufig Absagen formulieren, Grenzen setzen, Nein sagen. Weil es mir aber wichtig war, es möglichst allen Menschen recht zu machen, damit sie mich liebten, fielen mir all diese Absagen schwer. Nicht selten heulte ich deswegen, weil ich es kaum übers Herz brachte. Immer wieder schaffte ich es auch nicht, was wiederum zu Diskussionen zwischen Christian und mir führte, bei denen dann am Ende die Verzweiflung immer größer wurde. Mein Wunsch, gemeinsam mit ihm Menschen zu treffen, kollidierte mit seinem großen Bedürfnis nach Ruhe. Vielleicht kennst du auch Zeiten, in denen dein Partner oder eine Freundin ganz andere Bedürfnisse hat. Vielleicht kennst du auch diesen Schmerz, wenn die Bedürfnisse gerade völlig konträr zueinander stehen. In diesen Zeiten ist es so wichtig, offen darüber zu sprechen und einfach bewusst wahrzunehmen, wie unterschiedlich die Bedürfnisse gerade aussehen und dass kein Bedürfnis gerade besser oder schlechter ist. Sich in diesen Zeiten liebevoll loszulassen oder auch kreative Wege zu finden, wie beides Raum bekommt, ist nicht einfach, aber so wertvoll.

Aber gleichzeitig passierte durch dieses Zerbrechen auf so vielen Ebenen langsam etwas Wunderschönes. Stück für Stück kam langsam das Gute und das Wahre zum Vorschein. In dieser Zeit berührte mich der Song „Schönheit aus der Asche“ von Arne Kopfermann sehr. Er brachte so gut auf den Punkt, was ich auch in unserem Leid gefühlt habe:

Erscheinen meines Gottes Wege
Mir seltsam rätselhaft und schwer
Und gehen Wünsche, die ich hege
Still unter in der Sorgen Meer
Will trüb und schwer der Tag verrinnen
Der mir nur Schmerz und Qual gebracht
So darf ich mich auf eins besinnen:
Dass Gott nie einen Fehler macht

Aus dem Schutt wächst eine Blume
Die ihre Wurzeln im Himmel hat
Sie öffnet sich dem Licht der Sonne
Und trinkt sich dann an ihren Strahlen satt
So wächst Schönheit
*Schönheit aus der Asche**

Das Lied beginnt sehr dunkel, und genau das hat mich auch in meiner Dunkelheit abgeholt, aber dort nicht stehen gelassen, sondern mir in Erinnerung gerufen, dass ich Hoffnung haben darf. Der Schutt des Lebens ist so schwer auszuhalten, aber auf diesem Schutt wird eine Blume wachsen, wird neue Hoffnung blühen, wird Schönheit entstehen.

Und tatsächlich kann ich mit Blick auf unsere schwere Zeit genau das bestätigen. Zunächst war vieles zerbrochen und der Schmerz war groß. Aber in diesem ganzen Zerbrechen wurde immer mehr das Heile, Wahrhaftige sichtbar. Ja, Gott selbst kam uns in dieser Zerbrochenheit so nah. Er war da, hielt uns, trocknete Tränen, tröstete, schenkte die Kraft weiterzugehen und erneuerte uns Stück für Stück. Lügen wurden

* *Schönheit aus der Asche.* Text & Musik: Arne Kopfermann (nach Herbert Sack, 1902–1943), © 2017 SCM Hänssler, Holzgerlingen

gegen Wahrheiten ausgetauscht. Destruktive Verhaltensmuster wurden nach und nach aus dem Leben verbannt. Verschiedene Ängste und Sorgen wurden sichtbar und wir konnten sie an Jesus abgeben. Wir gingen wirklich durch einen Erneuerungsprozess, auch wenn dieser sicherlich noch nicht abgeschlossen ist, denn Heilung braucht Zeit. Ist es nicht stark, dass so schwere Zeiten was so Gutes hervorbringen können? Dass Leben in diesen schweren Zeiten vielmehr gestärkt als geschwächt werden kann? Ich finde es faszinierend.

Und so viel ist anders als zuvor: Christian hat Gott (neu) als seinen himmlischen Vater kennengelernt, der ihn bedingungslos liebt, ohne, dass er etwas dafür tun oder leisten müsste. Es ist viel Freiheit in sein (Glaubens-)Leben hineingekommen, Ruhe ist eingekehrt. Seine Beziehung zu Gott ist heute so viel vertrauensvoller und entspannter.

Auch meine Beziehung zu Gott hat sich verändert. Ich habe erlebt, dass Gott trägt – auch in den schweren Zeiten. Er schützt uns nicht immer vor Leid, aber er geht mit uns hindurch. Die Verse in Jesaja 43, Verse 2 und 3 (NL) bringen diese Wahrheit toll auf den Punkt und haben mich oft sehr ermutigt: „Wenn du durch Wasser gehst, werde ich bei dir sein. Ströme sollen dich nicht überfluten! Wenn du durch Feuer gehst, wirst du nicht verbrennen; die Flammen werden dich nicht verzehren! Denn ich bin der Herr, dein Gott, der Heilige Israels, dein Heiland.“ Gott schützt nicht immer vor Leid – aber er geht mit uns durch das Leid und heilt uns im Leid manchmal auf eine tiefere Weise. Die Erfahrung, dass Gott an meiner Seite ist, hat mir gezeigt, dass ich mich nicht so stark vor Lebenskrisen fürchten muss, auch wenn ich sie mir (immer noch nicht) wünsche. Im Leid begegnet Gott mir auf ungeahnte Weise und im Leid heilt und verändert er mein Herz. Im Leid durfte ich tiefe Heilung und auch Freiheit erfahren, weil ich immer mehr loslassen konnte und mich gleichzeitig immer mehr an Gott klammerte.

Das Leiden hat Christian erneuert und auch mich. Aber auch unsere Paarbeziehung ist durch diese Zeit gewachsen und tiefer geworden. Diese Phase hat uns zusammengeschweißt. Wir haben Seite an Seite füreinander gekämpft, einander ehrlicherweise aber auch manchmal aufgrund der eigenen Zerbrochenheit verletzt. Aber dann auch wieder vergeben und verstanden. Wir haben uns in dieser Zeit so viel tiefer kennengelernt und wissen umso mehr, was wir aneinander haben und welch ein Geschenk Gott uns mit dem anderen gemacht hat.

Deshalb möchte ich dir mitgeben, dass du darauf vertrauen darfst, dass Gott auch durch deine Krise etwas Gutes und Neues schaffen kann. Die Blume auf der Asche wird blühen.

Hand aufs Herz

- Hast du schon einmal eine größere Krise erlebt?
- Hast du in dieser Krise „Schätze" bergen können?
- Wie hast du Gott in dieser Zeit erlebt?

»Eine Krise ist eine Phase, in der wir feststellen, dass unsere eigenen inneren Batterien nicht ausreichen, in diesem heftigen Sturm durchzuhalten.«

Gordon MacDonald

It is well with my Soul

Ihr werdet Gottes Frieden erfahren, der größer ist, als unser menschlicher Verstand es je begreifen kann. Sein Friede wird eure Herzen und Gedanken im Glauben an Jesus Christus bewahren.

Philipper 4,7 (Neues Leben)

Lobpreis in der Gemeinde – da geht mein Herz auf. Ich liebe diese Zeiten, in denen ich mit vielen anderen Menschen vor Gott stehe und singe und in seiner Gegenwart verweile. Diese Zeiten, in denen ich meine Sorgen und Lasten vertrauensvoll an Gott abgebe und mein Blick sich auf Jesus ausrichtet. Ich merke, wie stark die Zeit in seiner Gegenwart mein Fühlen und Denken verändert. Mir Frieden bringt. Mich zur Ruhe kommen lässt. Ehrlicherweise muss ich gestehen, dass ich vor allem neue Songs mag, deren Texte zeitgemäßer und deren Melodien moderner sind. Aber daneben gibt es trotzdem einige alte Hymnen, die für mich zeitlos sind und mein Herz ganz tief berühren – wie das Lied „It is well with my Soul". Der Verfasser dieses Liedes, Horatio Spafford, schreibt: „Wenn Friede mit Gott meine Seele durchdringt, ob Stürme auch drohen von fern, mein Herze im Glauben doch allezeit singt: Mir ist wohl, mir ist wohl in dem Herrn." Im Englischen klingt der letzte Teil für mich ein wenig frischer. Dort heißt es: „It is well with my soul." Wortwörtlich übersetzt: „Meiner Seele ist es wohl."

Dass dieses Lied Frieden vermittelt, ist umso erstaunlicher, wenn man seine Entstehungsgeschichte kennt. Horatio

Spafford hat in seinem Leben einige Schicksalsschläge hinnehmen müssen: Seine vier Töchter sterben bei einem Schiffsunglück. In dieser traumatischen Erfahrung richtet er seinen Blick auf Gott, und dieser schenkt ihm den unerklärlichen Frieden, der Spafford dann auch zu diesem Kirchenlied inspiriert hat. Es ist genau diese Art von Frieden, von dem es auch in Philipper 4,7 (NL) heißt: „Ihr werdet Gottes Frieden erfahren, der größer ist, als unser menschlicher Verstand es je begreifen kann. Sein Friede wird eure Herzen und Gedanken im Glauben an Jesus Christus bewahren." Ein Friede, der aus menschlicher Sicht unerklärlich ist und jede Logik außen vor lässt: der Friede Gottes.

Auf ganz beeindruckende Weise führt dieser Bruch im Leben von Spafford nicht zu einem Bruch mit Gott, sondern lässt ihn den Frieden Gottes suchen. Und dort findet er alles, was er braucht, um diese schreckliche Zeit zu überstehen. Ich finde diese Geschichte unheimlich bewegend, weil ich dadurch begreife, wie kraftvoll das Leben in Gottes Gegenwart ist. In Gottes Nähe finden wir Freude und Frieden – selbst in den Phasen unseres Lebens, die äußerlich betrachtet alles andere als friedvoll sind.

Als mein Leben durch die Erkrankung meines Mannes auf den Kopf gestellt wurde und irgendwie alles plötzlich so anders war als vorher, wurde ganz schön viel durchgeschüttelt. All das, was ich für mich aufgebaut hatte, geriet plötzlich ins Wanken. Meine Vorstellung von unserer Zukunft, meine Vorstellung von unserer Ehe, meine Vorstellung von dem, wie ich sein wollte. Alles war und fühlte sich plötzlich ganz anders an und ich blieb durch diesen Bruch in meinem Leben desillusioniert zurück. Ja, im Grunde waren meine Vorstellungen davon, wie mein Leben aussehen sollte, gescheitert, und ich fand mich plötzlich vor einem Schutthaufen wieder.

Ich, die ich doch immer stark sein wollte, fühlte mich plötzlich häufig schwach, und ja, das war ich auch. Aber anstatt Mitgefühl und Nachsicht mit mir selbst zu haben, machte ich mich für diese Schwäche klein. Ich wollte doch nur, dass alles so war wie immer. Aber das ging nicht länger; ich konnte diesen Bruch nicht mehr kaschieren. Zu sehr war meine Welt aus den Fugen geraten und wurde nun von ganz viel Chaos und Schmerz geprägt. Ich konnte nicht länger so funktionieren wie bisher. Um diese Zeit zu überstehen, musste ich mir neue Lebensweisen aneignen. Bislang hatte ich immer ein harmonisches Leben führen wollen, doch plötzlich musste ich hier und da Grenzen setzen. Ich, die doch niemandem zur Last fallen wollte, brauchte plötzlich Hilfe. Durch dieses Chaos auf so vielen Ebenen kamen viele Glaubensüberzeugungen zum Vorschein, die unbewusst mein Leben steuerten. Aber durch diesen Bruch hatte ich nun die Chance, mir die Bruchstellen genauer anschauen.

Heil werden braucht Zeit. Ich glaube, dass es meistens so ist. Natürlich gibt es auch Spontanheilungen, weil Jesus spontan heilen kann und es auch tut. Aber in vielen Fällen braucht Heilung Zeit. Daher ist es gut, dass diese Heilung in der Gegenwart Gottes geschehen darf. Da, wo es keinen Druck gibt – nach dem Motto: *Jetzt aber schnell. Du musst doch endlich wieder funktionieren.* Nein, ein Mensch, der verletzt wurde, darf in Ruhe verarztet werden und geduldig auf Heilung warten. Heilung braucht Zeit und Heilung darf auch Zeit brauchen. Und es ist heilsam, wenn unser Blick in diesen schmerzhaften Phasen nicht immer nur nach außen wandert, weil wir von dem Wunsch getrieben werden, möglichst schnell wieder zu „funktionieren“. Stattdessen sollte der Blick nach innen gehen und den Prozess geduldig zulassen – und dann immer wieder auch nach oben zu Gott wandern, der so liebevoll heilt.

In Gottes Gegenwart ist alles erlaubt und sogar erwünscht: das ehrliche Klagen und vielleicht sogar Schreien über das, was kaputtgegangen ist. *Gott, warum lässt du das zu? Wo bist du?* Das stille Weinen oder Schluchzen über Gewohntes, das nicht mehr ist. Über den Bruch und den Schmerz im Leben. Die Achterbahn der Gefühle, die darauf hinweist, dass das Chaos Einzug gehalten hat. In allen Phasen des Heilwerdens brauchte ich ganz schön viel Luft zum Atmen. Räume zum Sein – so wie ich bin, unverstellt und ungeschminkt. Die Freiheit, nichts zu müssen, aber alles zu dürfen. Und den Mut, den nächsten kleinen Schritt der Heilung zuzulassen. Gott an den Bruch heranzulassen.

Und immer wieder weht da eine Brise Frieden aus Gottes Richtung zu mir. It is well with my soul. Auch wenn alles weh tut: Er ist da. Auch wenn ich gerade keinen Boden unter meinen Füßen spüre: Er hält mich. Im Gesunden und Heilwerden durfte ich Liebgewordenes loslassen – eine bunte Mischung aus inneren Glaubenssätzen, Gedanken über Gott und Zukunftsvorstellungen. Diese Erfahrung bildete eine Zäsur in meinem Leben; ich musste – ohne dass ich mich selbst dafür entschieden hatte – vieles auf den Prüfstand stellen.

Aber es war in dieser Phase auch wichtig, dass ich mich vertrauensvoll in Gottes Hände fallen und mich von ihm (hindurch-)tragen ließ. Paulus erinnert uns in einem seiner Briefe daran, dass Gott genau das tun will: „Der Gott des Friedens heilige euch durch und durch. Er schütze euern Geist, eure Seele und euern Körper, damit sie unversehrt sind, wenn Jesus Christus, unser Herr, wiederkommt“ (1. Thessalonicher 5,23; NL). Eine starke Ermutigung, sich in den schmerzvollen Zeiten des Lebens an Gott zu wenden. Und Gott, der Gott des Friedens, wird heiligen. „Heiligen“ bedeutet so viel wie „besser machen“, „neu machen“, „wiederherstellen“ und „heilig“

auch „besonders“, „wertvoll“. Ich glaube, dass Gott mit seinem Frieden in schmerzvollen Zeiten eine tiefe Heilung und Versöhnung bewirken kann, die guttut und tief durchatmen lässt.

Als die schwere Zeit leichter wurde, war vieles anders als davor. Aber auch besser, neuer, gesünder. Ich spürte tief in mir, dass etwas Neues angefangen hat. Es brauchte diese schmerzvolle Zeit, damit ich eine tiefer liegende Heilung und Heiligung erfahren konnte. Und vor allem habe ich gelernt, dass wir darauf vertrauen dürfen, dass Gott einen Frieden schenkt, der größer ist, als unser menschlicher Verstand es je begreifen kann.

Hand aufs Herz

- Spürst du Gottes Frieden auch in deinem Leben?
- Wann hast du auf unerklärliche Weise Gottes Frieden erlebt?
- Bitte Gott, dich durch und durch mit seinem Frieden zu erfüllen – er ist der Gott des Friedens.

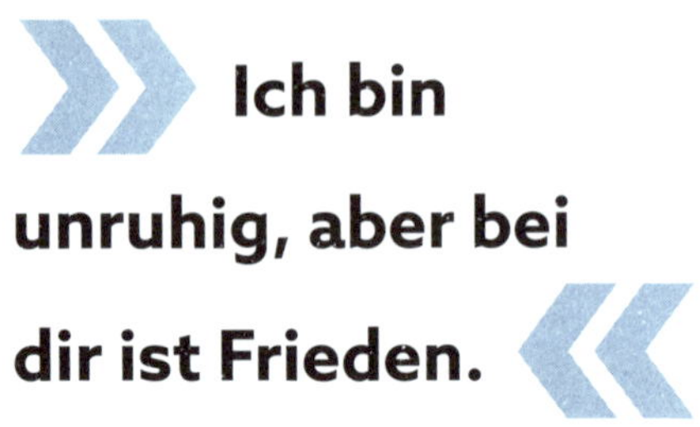

Ich bin unruhig, aber bei dir ist Frieden.

Dietrich Bonhoeffer

Ohne Stille höre ich bald nichts mehr

Ich bin ganz still und geborgen,
so wie ein Kind bei seiner Mutter.
Ja, wie ein Kind, so ist meine Seele in mir.

Psalm 131,2 (Neues Leben)

Wenn es in meinem Leben zu still wird, werde ich unruhig. Ich mag es nicht, wenn es still ist. Das weckt in mir das Gefühl, dass „nichts los" ist, gerade „nichts geht" – ja, dass in meinem Leben gerade Stillstand herrscht. Und für mich, nach dem Enneagramm eine enthusiastische Sieben, ist genau das eine Katastrophe. Ich bin nicht unbedingt ein Workaholic, der nur am Rödeln ist. Aber innerlich sieht es ehrlich gesagt anders aus. In mir gibt es ein ganzes Königreich an Ideen, Träumen, Ambitionen. So viel will ich anpacken und gestalten.

Ist da Stille nicht eher eine unnötige Pause von ach so wichtigen Dingen? Zumindest gehe ich diesem Irrglauben auf den Leim, wenn meine inneren Kraftreserven gefüllt sind, es mir gerade gut geht und im Leben alles paletti ist. Dann gibt es da aber auch die Phasen, in denen ich meine Reserven ausschöpfe, ein hohes Pensum fahre und fröhlich allen möglichen Ideen und Ambitionen nachgehe – bis es nicht mehr geht und dann *gar nichts* mehr geht.

So erging es mir in einem unserer Schweden-Urlaube. Irgendwie hatte ich in den Wochen vor dem Urlaub versucht, alles (was bitte bedeutet dieses Wort?) zu schaffen. Immer wieder fehlte mir jedoch die Luft zum Atmen, weil mein

Leben sich so „voll“ anfühlte. Dann legte ich mir hier und da eine kleine Placebo-Pause ein, die aber meine leergelaufenen Akkus auch nicht mehr aufladen konnte. Ein Projekt nach dem nächsten – immer mit dem Blick auf meinen Rettungsanker „Sommerurlaub“. „Alles“ ging auch so weit gut und war dann geschafft. Ich bereitete mich nur noch schnell für unseren Urlaub vor, backte um Mitternacht vor der Abfahrt einen Käsekuchen für die Reise (wäre ja schade um den Quark) und ging um halb eins ins Bett. Am nächsten Morgen klingelte schon um sechs Uhr der Wecker: aufstehen, anziehen, essen, den letzten Koffer ins Auto werfen, und los geht die wilde 18-stündige Fahrt nach Schweden.

Doch schon vor der Abfahrt spürte ich eine furchtbare Übelkeit in mir, die mich zu überwältigen schien. Abstreifen konnte ich sie nicht – sie war einfach da. Mein Körper sackte immer wieder zusammen; es gelang mir nur mühsam, ihn ins Auto zu schleppen. Wir fuhren los, und damit war das Schlimmste geschafft. Alles war wunderbar, oder? Ja, wenn da nur die Übelkeit nicht gewesen wäre. Die Morgensonne blendete mich unaufhörlich und trug noch das Ihre zu meinem Unwohlsein bei. „Ohne Tüte fahr ich nicht“ -- mein Motto dieser Reise. Ein für uns (hinterher!) amüsanter Moment auf der Fahrt: Christian und ich waren schon vor dem Elbtunnel, als mir furchtbar schlecht wurde. Die Tüte traf ich nicht – und so hielten wir, um das Auto und auch mich von der Misere zu befreien. Ich legte mich auf den Grasstreifen, während Christian das Auto säuberte, und sagte nur: „Christian, lass mich hier bitte sterben.“ Klingt lustig? Für mich war das in diesem Moment kein Scherz. Ich spürte in mir eine unglaubliche Schwäche gepaart mit einer echten Ohnmacht. Ich hatte keine Kraft mehr, dem etwas entgegenzusetzen. Die Situation überrollte mich einfach. Mir ging es richtig, richtig schlecht.

Irgendwie schafften wir es nach Schweden, und es dauerte vier Tage, bis ich mich körperlich wieder ein wenig besser fühlte. Mir war klar, dass es etwas mit dem Stress im Vorfeld zu tun haben musste. Doch als ich das Kapitel für abgeschlossen hielt und endlich voll und ganz in den Urlaub starten wollte, baute ich plötzlich auch noch mental ab. Ohne erkennbaren Grund war ich immer wieder von jetzt auf gleich den Tränen nahe, konnte mich für nichts begeistern. Vor einem Abenteuer, in das Christian und ich gemeinsam starten wollten, wurde mir bewusst, dass ich der Sache gerade nicht gewachsen war und einfach nur in den „Überlebens-Modus" schalten musste. Schweren Herzens gingen wir an den nächsten drei Tagen getrennte Wege. Christian begab sich auf eine „Wilderness-Route": im Auto schlafen, viel Natur genießen, reisen, sagenhafte Sehenswürdigkeiten entdecken, Freiheit spüren. All das, worauf ich mich ja eigentlich auch sehr gefreut hatte, aber nun nicht dazu in der Lage war.

Und ich? Verschrieb mir drei Tage „Stille". Diese Sache, die ich ja nur dann in meinem Leben dulde, wenn es unbedingt sein muss. Ich tat an diesen drei Tagen nicht viel, außer auf dem Stuhl im Garten sitzen und in den Himmel schauen. Auf dem Steg sitzen und in die Weite schauen. Auf der Bank sitzen und etwas lesen. Eine kleine Runde schwimmen. Kochen. Essen. Lesen. Beten. Still sein. Ganz viel still sein und ganz viel zuhören. Reinhören in die Natur.

Und das Erstaunliche geschah. Da, wo ich nichts vermutet hatte, eröffnete sich mir eine wahre Klangwelt: das Klopfen des Spechtes. Das Zwitschern der Vögel. Der leise Windzug, der durch die Bäume strich. Die Bewegungen des Wassers. Ich hörte viel und sah auch viel. Minutenlang konnte ich in den Himmel schauen und die unterschiedlichen Blautöne wahrnehmen, die Veränderungen der Wolken beobachten, hier und da mal ein Flugzeug, das seine Bahnen zog. Ich schaute mir die einzelnen Bäume an und entdeckte Bäume, ja, im Grunde ganz gewöhnliche Bäume. Aber hast du dir schon mal einen Baum ganz genau angeschaut? Die vielen einzelnen Blätter, die in unterschiedlichen Farben leuchten? Die Blattform, die sich von Baum zu Baum unterscheidet? Die Struktur des Stammes? Die Baumform? Die Wurzeln? Ich meine – wow, was gibt es da nicht alles zu entdecken! Aber ja: nur dann, wenn es still ist. Sonst sehe ich das alles nicht, sonst höre ich das alles nicht. Nur, wenn es still ist.

In der Stille liegt die Fülle. Da, wo ich nichts vermutet habe, steckt genau das, was mir so viel Lebensqualität schenkt. Wo ich nichts vermutet habe und was ich tunlichst zu vermeiden suche, gerade dort finde ich genau das, was meine Seele aufleben lässt. Nach vielen To-dos traute diese sich langsam, sehr langsam, aufzuatmen. Sie wurde langsam wieder beweglicher und lebendig. Sie weckte meine Sinne wieder, über die kaum noch Informationen fließen konnten. Aber langsam konnte ich sie wieder gebrauchen. Ich konnte wieder sehen, riechen, schmecken, fühlen. Dieser Reichtum schläft ein und verstummt, wenn all die Leistung und die Performance und das Hetzen wichtiger werden als das Sein in der Stille.

Aber wer nur tut und macht und leistet und performt und arbeitet und entertaint, ohne auch mal bewusst nichts zu tun und nichts zu machen und nicht zu performen und nicht zu arbeiten und nicht zu entertainen, wird auf kurz oder lang zu einer tragischen Erkenntnis gelangen: Menschen, die der Stille keinen Platz in ihrem Leben einräumen, verlieren bald ihren Platz im Leben. Sie verlieren sich in lauter Dingen und am Ende sich selbst. Selbst dann, wenn die eigene Motivation christlich gefärbt ist nach dem Motto „Unterwegs im Namen des Herrn“, kann uns dieser Lebensstil ins Aus manövrieren.

Und das Erwachen tut weh, schmerzt sehr. Gleichgültig, welcher Aufgabe ein Mensch nachgeht, er braucht auch das Gegengewicht zu seinem Leisten – das Pausieren, die Auszeit.

Gott hat uns nicht dafür geschaffen, unaufhörlich zu machen und zu tun. Er lädt uns ein, in die Stille zu treten und ihm dort zu begegnen. Tatsächlich müssen wir das „Stillsein" vielleicht sogar einüben, denn in einer Welt, einer Gemeinde, einer Familie, die so laut ist und so viel fordert und so viele Ansprüche an uns stellt, können wir das nicht automatisch. In meinem Fall bedeutet das zum Beispiel, dass ich eine schöne Runde durch den Wald laufe. Zugegebenermaßen höre ich gern einen Podcast oder die Sprachnachrichten von Freundinnen, wenn ich allein unterwegs bin. Aber hin und wieder denke ich daran, dass ich der Stille Raum geben und lauschen will. Genau hinhören will.

Oder aber ich mache das Radio aus, wenn ich mit dem Auto unterwegs bin. Ich öffne meine Sinne für die Schönheit der Natur, nehme wahr, was ich sehe, und erfreue mich daran. Auch die Ruhe am Morgen will ich bewusst genießen. Ich will bewusst still werden bei meinem himmlischen Vater, der mit mir ist und in dessen Gegenwart ich mich bergen und zur Ruhe kommen darf. All die Gedanken, das Drängeln in mir, die vielen Gedanken, die manchmal kreuz und quer in mir hüpfen, bringe ich in seine Gegenwart und lege sie dort ab. Lasse los. Traue mich, einfach nur bei ihm zu sein.

Stille erfährt man aber nicht zwingend dann, wenn man sie braucht. Stille ist nicht per Knopfdruck bestellbar, vielmehr gleicht die Stille einem scheuen Reh. Wir dürfen sie anlocken, einladen, ein wenig zu bleiben. Das geschieht, indem wir selbst ruhig werden, im Hier und Jetzt ankommen, im gedanklichen Flug durch das Gestern-Heute-Morgen sanft im gegenwärtigen Augenblick landen. Und alles loslassen, was wir in uns tragen.

Auch ich brauche dieses bewusste „In-die-Stille-Treten". Als ich mir in Schweden die dreitägige „Stille-Kur" verschrieb, ging mir irgendwann der Gedanke durch den Kopf: *Ich besuche die Stille zu selten und wusste irgendwann gar nicht mehr, wo sie wohnt.* Ist da nicht etwas dran: Wenn wir sie nur selten besuchen, vergessen wir, wie wir die Stille überhaupt finden können?

Aber wir brauchen sie so nötig, sie ist so unersetzlich. Meine Seele braucht Stille, wie das Kind Milch braucht. Wenn ich meiner Seele Stille versage, hungert und verlernt sie, sich von Stille zu ernähren. Dann wird sie hart und behält immer mehr Ängste, Zweifel und Sorgen in sich. Doch in der Stille lernt sie, sich zu öffnen und loszulassen. Ja, sie lernt, Gott zu vertrauen, der gerade in der Stille präsent ist. Durch Hektik und Hast verschließt sich meine Seele für all die Farben, Düfte, Eindrücke – ja, oft sogar für Gott. Aber genau diese Dinge brauchen wir nach stressigen Zeiten umso mehr, wenn wir wieder regenerieren und neue Kraft schöpfen wollen. Erlauben wir es unserer Seele doch häufiger, still zu werden und bei Gott zur Ruhe zu kommen.

Hand aufs Herz

- An welche Momente der Ruhe erinnerst du dich gern zurück?
- Wie kann Stille mehr Raum in deinem Leben einnehmen?
- Was tust du bereits, um dir regelmäßig Zeit für die Stille zu nehmen und um bei Gott neue Kraft zu tanken?

»In einer guten Stille werden wir zu Menschen, die besser hören: auf die Natur, aufeinander und auf Gott.«

Thomas Sjödin

Zu einem guten Lebensrhythmus finden

Gott hat allem auf dieser Welt schon im Voraus seine Zeit bestimmt, er hat sogar die Ewigkeit in die Herzen der Menschen gelegt. Aber sie sind nicht in der Lage, das Ausmaß des Wirkens Gottes zu erkennen; sie durchschauen weder, wo es beginnt, noch, wo es endet. Dadurch wurde mir klar, dass es das Beste für den Menschen ist, sich zu freuen und das zu genießen, was er hat. Denn es ist ein Geschenk Gottes, wenn jemand isst und trinkt und sich über die Früchte seiner Arbeit freuen kann.

Prediger 3,11–13 (Neues Leben)

Für ein erfüllendes Leben und Arbeiten bin ich darauf angewiesen, in bestimmten Abständen an einem schönen Ort eine kleine „Insel-Zeit" zu verbringen. Nur Jesus und ich. Diese Auszeiten laufen nicht immer gleich ab. Es ist jedes Mal eine ganz neue Erfahrung, jedes Mal anders, denn das Leben ändert sich, und wir schlagen jeden Tag eine neue Seite im Buch unseres Lebens auf. Darüber hinaus befinde auch ich mich jedes Mal in einer ganz anderen Season meines Lebens als noch bei der letzten Auszeit mit Jesus.

Im vergangenen September fahre ich für zwei Nächte in eine hübsche Airbnb-Wohnung. Ich stelle Lobpreismusik an und verbringe Zeit mit Jesus, der die Liebe meines Lebens ist. Ich singe, sage ihm, wie es in mir aussieht. Gehe mit ihm durch die Felder und die Wälder spazieren. In gewisser Weise haben diese Zeiten etwas Heiliges, denn sie fühlen sich so rein und lebendig an. Raus aus dem normalen Alltag, einfach allein sein mit Jesus.

Ich bin offen dafür, dass Jesus zu mir redet. Ich lege ihm alle Ideen, Pläne und Vorstellungen hin und bin bereit, sie von ihm hinterfragen und gegebenenfalls auch korrigieren zu lassen. Vielleicht hat er ja ganz andere Absichten für mich. Im Laufe dieser zwei Tage spüre ich immer mehr, dass er mich einlädt, ein sechsmonatiges Sabbatical zu machen. Ich traue mich fast gar nicht, diese Einladung anzunehmen. Wie soll das gehen? Ein halbes Jahr nichts tun? Nicht arbeiten? Nicht mehr auf die Bühne? Kann ich das überhaupt machen? Ich muss doch auch irgendwie Geld verdienen. Außerdem ist gerade im Frühjahr in den Gemeinden so viel los und ich werde in dieser Zeit gewöhnlich fleißig gebucht und darf den Frauen dienen. Das alles einfach ausfallen lassen und stattdessen eine Auszeit nehmen?

Aber ich spüre diese Einladung klar und deutlich: „Nelli, leg eine Pause ein. Ruhe dich aus. Nicht einen Monat lang, auch nicht zwei, sondern sechs." Gott weiß, was ich brauche. Das Jahr davor war super voll: Ich habe viel geschrieben, oft auf Events gesprochen. Aber zum Ende des Jahres hin ging es mir körperlich immer schlechter.

Ich beschloss, darauf zu vertrauen, dass er besser als ich weiß, was ich brauche.

Und so komme ich aus meiner zweitägigen Auszeit zurück zu meinem Ehemann. „Christian? Gott sagt, ich soll mal für sechs Monate Pause machen." *Ähm, schluck*. Und glücklich ist die Frau, die einen Mann hat, der Gottes Worte ernst nimmt und seine Ehefrau darin bestärkt. Christian erwidert: „Ja, wenn Gott dich darin ermutigt, dann mach das auch genauso."

Als dann Einladungen zu diversen Events eintrudeln, sage ich ganz ruhig ab. Manchmal fühlt sich das ein bisschen seltsam an, weil ich mich ja auch über Event-Anfragen freue. Aber ich spüre diese Ruhe in mir in der Gewissheit, dass ich sechs Monate lang aus diesem Hamsterrad aussteigen darf. Ich darf Pause machen. Ich darf einfach mal nur *sein*. Und gleichzeitig habe ich auch Angst davor. Ich stelle mir in dieser Zeit Fragen wie: *Wer bin ich, wenn ich nichts leiste? Was erfüllt mich, wenn nicht das Glück der Erfahrung, dass Frauen ermutigt werden und dies auch in Rückmeldungen in Worte fassen? Wie wird es mir ein halbes Jahr lang gehen, wenn ich nicht überglücklich und erfüllt im Anschluss an die Events nach Hause fahre? Was wird meine Zeit so lange strukturieren und prägen, wenn nicht meine Arbeit?*

Auch in meiner Gemeinde ziehe ich mich für ein halbes Jahr aus regelmäßigen Veranstaltungen zurück. Menschen reagieren gefühlt zögerlich auf meinen Sabbat. Es gibt keine negativen Rückmeldungen, aber auch nicht besonders viel Ermutigung. In einer Kultur, in der Leistung von grundlegender Bedeutung ist, ist „keine Leistung" eben dann auch keine Leistung. Viele lassen meinen Entschluss einfach so stehen, und das ist in Ordnung für mich.

In der Auszeit merke ich, dass ich meinen Wert immer weniger von meiner Leistung abhängig mache. Und entdecke: Es ist ein tiefes Glück, einfach nur leben zu dürfen. Zu sein. Dafür geliebt zu werden, wer man ist, und nicht für das, was man tut. Es ist eine ganz große Freude zu begreifen, dass das Leben selbst ein unverdientes Geschenk ist. Ich habe mich nicht selbst erschaffen – Gott hat mir das Leben geschenkt. Und zwar nicht, damit ich wie ein Lemming von früh bis spät schaffe und mache, sondern als Gegenüber, als Ebenbild, das leben und lieben darf. Ich bin kein Geschöpf vom Fließband, sondern mit Liebe handgefertigt und in einen Garten gesetzt, wo die frische Brise weht, Blumen blühen, Schmetterlinge elegante Kreise ziehen und das Blätterwerk der Bäume im Wind raschelt.

An diesem Ort öffnen auch Adam und Eva zum ersten Mal die Augen. Sie begreifen diesen Garten als Zuhause, liegen in der Hängematte zwischen zwei schönen Bäumen, flirten, gehen spazieren, atmen ein und atmen aus. Wenn ich die Schöpfungsgeschichte lese, stolpere ich dort weder über Akkordarbeit, noch führte Gott sie gleich zum ergonomisch eingerichteten Arbeitsplatz, damit sie von Beginn an möglichst viel leisten. Und er hat ihnen noch nicht einmal ein „Garden-/Home-Office" eingerichtet.

Vielmehr lädt er sie ein, mit ihm zu *sein*. Mit ihm zu ruhen. Aber auch mit ihm schöne Dinge zu kreieren. Sie dürfen kreativ werden und sich lustige Namen für die vielen Tiere ausdenken. „E-le-funt? Nein, besser: E-le-fant", sagt Eva und lacht. „Na gut, dann nennen wir dieses lustige Rüsselwesen Elefant." Adam ist einverstanden. „Oh, wie nennen wir denn dieses witzige Tier mit dem langen Hals?" Ich kann mir lebhaft vorstellen, wie viel Spaß den beiden dieses Kreativprojekt gemacht hat. Natürlich sind sie auch irgendwann müde und es ist Zeit für einen kleinen Snack. Aber am nächsten Tag geht's weiter. Ja, sie haben gearbeitet, aber sie haben auch ausgeruht. Ihr Leben war in einer Balance, weil sie wussten, wer sie sind und dass sie nichts leisten müssen, um wertvoll zu sein.

Ich glaube, wir brauchen diese tiefe Verankerung in Jesus, die uns unseren ewigen Wert ins Herz schreibt und uns davor schützt, unseren Wert an Arbeit und Leistung festzumachen. Gott sagte bei der Erschaffung von Adam und Eva, dass sie „sehr gut" sind. Bis dato hatten sie noch gar nichts leisten können und trotzdem bekamen sie schon diesen Wert zugesprochen. Natürlich, das ist Basis-Wissen für jeden Christen. Aber gerade deshalb stellt sich doch die Frage, warum so viele Menschen in einen Burn-out rutschen und die Arbeit einen übergeordneten Platz im Leben einnimmt? Unser Wert liegt in unserem Sein und nicht in unserer Leistung. Natürlich: Wenn der Bäcker eine tolle Torte gebacken hat und die Kundinnen genießen und strahlen, dann begreift er, dass seine Leistung positive Auswirkungen auf ihr Leben hat. Diese Auswirkungen sind doch toll und wunderbar.

Auch ich genieße es sehr, wenn ich positive Rückmeldungen zu meinen Büchern bekomme. Dann spüre ich, dass ich am richtigen Platz bin, und mein Herz freut sich, dass einzelne Sätze oder Abschnitte aus meinem Buch jemanden ermutigen konnten. Damit verändert sich das Leben meiner Leserinnen und Leser, und das ist einfach, wow, ein großes Wunder. Aber mein Wert hängt nicht mit den Rückmeldungen oder dem Erfolg zusammen, sondern allein mit meinem Sein, das mir von Gott geschenkt wurde. Darauf wiederum kann ich mir selbst nichts einbilden, sondern dafür einfach nur Danke sagen.

Während meiner Auszeit war ich auch für einige Wochen in einer Rehaklinik, um wieder neue Kraft zu tanken. In dieser Zeit spielten meine beiden Rollen – Autorin und Sprecherin – gar keine Rolle. Ich war einfach nur Nelli. Ich habe weder geschrieben, noch stand ich auf der Bühne. Ich war einfach Teil einer Gruppe, in der alle eine Erfrischung brauchten und noch nicht mal irgendwelche Rollen erfüllen mussten. Und weißt du, was? Es war eine der wertvollsten Zeiten in meinem Leben. Wir haben so viel Kreatives erschaffen, haben bis zum Abwinken Volleyball gespielt, gesungen und Klavier gespielt, gutes Essen genossen, viel Zeit in der Natur verbracht. Gefehlt hat mir nichts – gleichzeitig war mein Herz mit so viel

Freude erfüllt. Nicht aufgrund meines Tuns, sondern weil ich ich bin.

Und genau das will ich auch dir zusprechen. Du bist nicht etwa deshalb wertvoll, weil du etwas leistest. Du bist wertvoll, weil du du bist. Du wurdest von demjenigen erschaffen, der dich geliebt hat, bevor du überhaupt da warst. Voller Liebe hat er dich schon vor Erschaffung der Welt im Herzen getragen. In Psalm 139,16 (NL) steht: „Du hast mich gesehen, bevor ich geboren war. Jeder Tag meines Lebens war in deinem Buch geschrieben. Jeder Augenblick stand fest, noch bevor der erste Tag begann." Was für ein Moment, als aus Gottes Idee Wirklichkeit wurde und du nicht mehr auf seinem Skizzenblock, sondern ganz in echt da warst. Ein Geschöpf, das kein Produkt des Zufalls war, sondern weil er dich dahaben wollte. Du kannst fühlen, tanzen, dich bewegen, sehen, riechen, gehen, springen, liegen, denken, kreieren, rechnen, kombinieren, schmecken, beten, sprechen, singen, schwimmen, einen Handstand und so vieles mehr machen. Na gut, Letzteres kann ich nicht, aber es soll Menschen geben, die das können. Ganz im Ernst: All das hat er in dich hineingelegt. Die schönsten Dinge im Leben sind uns geschenkt worden – vor allem aber das Leben selbst.

Mir tut es gut, mir dessen immer mehr bewusst zu werden. Die tollsten Dinge in meinem Leben wurden mir geschenkt, ohne dass ich irgendetwas dazu beitragen konnte. Warum leben wir dann häufig so, als würde es auf uns und unsere Leistung ankommen? Warum wuseln wir häufig so, als wären wir der Retter höchstpersönlich?

Du bist eine tolle Mutter, auch wenn du mit deinem Kind nicht immer geduldig bist.

Du bist eine super Lehrerin, auch wenn die Eltern eines Schülers dich zuletzt kritisiert haben.

Du bist eine gute Freundin, auch wenn du mal den Geburtstag deiner Freundin vergisst.

Du bist eine gute Christin, auch wenn du nicht jeden Morgen in der Bibel liest. Halt, gute Christen gibt's doch gar nicht. Du bist gut, weil Jesus dich gut macht. Durch ihn bist du gut. Durch ihn bist du wertvoll. Durch ihn bist du kostbar.

An diese Wahrheit müssen wir uns immer wieder erinnern und sie in unserem Herzen bewahren. Deshalb erinnere dich immer wieder daran, dass du wertvoll bist, weil du du bist. Und ermutige selbst auch andere, ihren Wert nicht von ihrer Leistung abhängig zu machen. Ermutige sie, ihren wahren Wert zu begreifen und auch zu ergreifen. Ob du dieser Wahrheit glaubst oder nicht, wird dein Leben stark prägen. Wenn du der Lüge auf den Leim gehst, wirst du immer wieder Zeiten erleben, in denen du ausgepowert bist. Aber wenn du der Wahrheit glaubst, wirst du unabhängig von der Beurteilung durch andere dein Leben gestalten können.

Ich habe dieses Leben gefunden und übe es immer weiter ein. Und ich merke auch schon, wie stark sich mein Denken in diesem Bereich verändert hat und auch weiterhin verändern wird. Ich schmeiße die Hetze Stück für Stück aus meinem Herzen hinaus und nehme dafür immer mehr die Wahrheit an: „Ich wurde schon geliebt, bevor ich etwas leisten konnte." Diese Wahrheit macht mich frei, Gott, meine Mitmenschen und mich selbst zu lieben. Und genau darauf kommt es doch an, oder?

Hand aufs Herz

- Woran machst du deinen Wert fest? An deiner Arbeit, deiner Leistung, dem Engagement in der Gemeinde oder an anderen Faktoren?
- Welchen Stellenwert hat die Arbeit für dich?
- Lebst du einen guten Rhythmus von Arbeit und Erholung?

» Ein Leben auf der Überholspur lässt man nicht einfach so hinter sich. Aber im Lauf der Zeit gelingt der Entzug. Ich spüre, wie meine Seele sich öffnet. «

John Mark Comer

Nur mal kurz die Welt retten – mit Jesus

Ich bin der Weinstock; ihr seid die Reben. Wer in mir bleibt und ich in ihm, wird viel Frucht bringen. Denn getrennt von mir könnt ihr nichts tun. Wer nicht in mir bleibt, wird fortgeworfen wie eine nutzlose Rebe und verdorrt. Solche Reben werden auf einen Haufen geworfen und verbrannt.

Johannes 15,5–6 (Neues Leben)

Ich liebe den Song „Nur mal kurz die Welt retten“ von Tim Bendzko. Gerade der Übergang in den Refrain nach einer kurzen Pause – das Ganze hat einen hohen Ohrwurm-Faktor. Der Song ist humorvoll und überspitzt gemeint – jemand nimmt sich überaus wichtig und lässt den großen Macker raushängen. Weil er ja so furchtbar wichtig ist, muss die Freundin auf ihn warten, während er noch 148 713 Mails checkt. Wenn ich den Song höre, muss ich über Mr Wichtig und seine Allmachtsfantasien schmunzeln, noch mal eben kurz die Welt zu retten, bevor er sich zu seiner Liebsten an den Abendbrottisch setzt.

Und gleichzeitig ertappe ich mich dabei, wie ich doch selbst tief in mir drin glaube, dass es ohne mich nicht funktionieren würde. Vielleicht nicht im Hinblick auf „Weltrettung“, aber doch im Hinblick auf „Meine Kirche“ oder „Meine Arbeitsstelle“ oder „Meine Familie“ oder „Mein Verein“. Ich gestehe, dass ich das (zu oft) gedacht habe und auch immer noch in diese Denkweise hineinrutsche. Aber die Wahrheit ist, dass ich nichts davon aus eigener Kraft stemmen und schon gar nicht retten kann. Um diese wirklich vermessene und ganz sicher auch nicht Jesus-mäßige Denkweise zu korrigieren, braucht es Menschen, die von außen in mein Leben hineinsprechen. Oder auch Situationen, die mir klarmachen, dass die Denkweise „Ohne mich geht hier nix!" einfach nicht haltbar ist.

Letztens hatte ich ein Erlebnis, das mich hier wieder einmal korrigiert hat. Ich war einige Wochen verreist, und in dieser Zeit fanden in unserer Kirche eine Pastorenwahl sowie einige andere Treffen statt, die neue Weichen für unsere Kirche stellen sollten. Und da wollte ich unbedingt dabei sein. Hallo, ich bin doch schließlich Nelli! Aber ich war eben in dieser Zeit weg. Bei einem Telefonat mit meinem Pastor sagte ich: „Ich kann ja leider nicht an der Wahl teilnehmen, weil ich unterwegs bin. Aber ich bete für eine gute Wahl!" Anstatt sich dafür zu bedanken, sprach er mitten in mein „Ich-muss-mal-kurz-die-Welt-retten-Herz" hinein, als er entgegnete: „Hey, auch das darfst du sein lassen! Lass einfach mal jede Verantwortlichkeit los – genieße einfach deine Zeit mit Jesus."

Dieses kurze Telefonat berührte mein Herz. Es offenbarte mir, wie schwer ich loslassen kann und wie sehr ich doch dieser Lüge „Ohne mich geht hier nix!" auf den Leim gehe.

Tatsächlich ist es die tiefe Sehnsucht eines jeden Menschen, wichtig zu sein, gesehen zu werden, wertvoll für die Gesellschaft oder Gruppe zu sein, dazuzugehören, einen Beitrag zu leisten. Das alles sind gute Sehnsüchte und Wünsche, solange man dabei anderen auf Augenhöhe begegnet. Ich bin genauso wichtig wie jeder andere Mensch auch. Jeder ist gleich wertvoll und hat genauso viel zu geben wie du oder ich. Wir gehören zueinander und sind miteinander verbunden. Wir brauchen einander und nicht: Jeder andere braucht mich, weil ich ach so wichtig bin. Dieser letzte Gedanke sorgt für ein Ungleichgewicht zwischen den Menschen. Dadurch entfremden wir uns von anderen und auch von uns selbst. Der Gedanke, dass wir selbst so wichtig sind und die Welt ohne uns arm dran wäre, lässt uns vergessen, dass wir für ein nach*hall*tiges Leben auch Selbstfürsorge brauchen, persönliche Einkehrzeiten bei Gott, Stille, Hobbys – und unsere Mitmenschen! Wenn wir glauben, dass ohne uns nichts geht, und wir diese Wunschversion von uns selbst leben wollen – „Weltretterin oder Weltretter" sein wollen –, werden wir dafür am Ende einen hohen Preis zahlen müssen. Eigene Bedürfnisse, eigene Grenzen: egal! Hauptsache, jeder kriegt das, was er von mir haben will. Hauptsache, jeder begreift, wie wichtig ich bin. Das katapultiert uns früher oder später ins Aus. Warum nicht schon früher aus diesem Hamsterrad aussteigen?

Jesus kannte die Untiefen des menschlichen Herzens und wusste von den Bestrebungen vieler Menschen, sich in den Mittelpunkt zu spielen, um gesehen und gebraucht zu werden. Und genau in dieses Aufplustern des menschlichen Herzens hinein spricht er folgende Worte: „Ich bin der Weinstock; ihr seid die Reben. Wer in mir bleibt und ich in ihm, wird viel Frucht bringen. Denn getrennt von mir könnt ihr nichts tun. Wer nicht in mir bleibt, wird fortgeworfen wie eine nutzlose Rebe und verdorrt. Solche Reben werden auf einen Haufen geworfen und verbrannt" (Johannes 15,5–6; NL). Jesus sagt klipp und klar, dass das mit dem Weltretten nichts wird, zumindest nicht aus eigener Kraft.

Helfen, dienen, predigen, Mutter und Vater sein, trösten, unterstützen – das alles ist aus eigener Kraft auf Dauer gar nicht möglich, schon gar nicht auf nach*hall*tige Weise. Es bleiben leere Hülsen, die vielleicht schön aussehen und auch Eindruck machen, aber am Ende doch kraftlos sind und leer bleiben. Jesus ermutigt, an ihm dranzubleiben. In Verbindung mit ihm zu bleiben. Das bedeutet, mit ihm zu rechnen, sich seiner Gegenwart bewusst zu sein, aus seiner Kraft zu schöpfen, in diese tiefe Liebesbeziehung zu investieren.

Irgendwie ist es schwer, die Verbindung zwischen Gott und uns Menschen in Worte zu fassen. Sie ist eben unbegreiflich und auch beinahe unbeschreiblich. Aber wenn wir wirklich reichlich Frucht für die Ewigkeit bringen und Spuren in unserem Leben und dem von anderen hinterlassen wollen, die ewig Bestand haben, dann geht es schlicht und ergreifend nicht ohne die innige Beziehung zu Jesus.

Diesen Paradigmenwechsel müssen wir immer wieder neu in unserem Leben vollziehen. Ohne Jesus können wir nichts tun, aber mit ihm: Da geht einiges! Diese Korrektur unseres Herzens brauchen wir. Ja, wir müssen diese Wahrheit Stück für Stück verinnerlichen und begreifen, weil wir immer wieder in alte Muster verfallen: „Ich kann die Welt retten.“ Und tatsächlich machen das Leben und auch die Hingabe an Jesus so viel mehr Freude, wenn wir unser Ego mal Ego sein lassen. Stattdessen erwarten uns viel Freiheit und auch Erfüllung.

Auf einem Frauenevent, auf dem ich sprechen durfte, stand ich in der Lobpreiszeit zwischen den Teilnehmerinnen und betete leise für die Frauen um mich herum. Plötzlich schenkte Gott mir ein Bild, das mich sehr fasziniert hat. Ich sah Jesus temporeich joggen und ich selbst lief an seiner Seite – und, oh Wunder: Es strengte mich gar nicht an. Nein, ich hatte richtig viel Schwung, und es machte riesig Freude, mit ihm zu laufen. Ich verstand: Wenn ich loslasse und mich von Jesus wirklich abhängig mache, dann sind Jesus und ich ein starkes Team. Er kennt die Richtung, er weiß, was meine Zuhörerinnen gerade brauchen, und er wird das Ziel auf jeden Fall erreichen. Ich darf mich an seine Fersen heften und einfach gemeinsam mit ihm laufen. Aber er gibt den Ton an – ich darf ihm da völlig vertrauen. Es kommt nicht auf meine Performance an, nicht auf meine großartige Vorbereitung, nicht auf meine mega Begabung: Es kommt auf Jesus an, der durch mich wirken will, wenn ich loslasse.

Ja, wenn ich mit meinem Leben Gottes Reich bauen will und auch sehen will, dass sich etwas ändert, muss ich loslassen. Auch meine Annahme, dass es ohne mich nicht geht. Ich darf begreifen, dass ich von Jesus abhängig bin und dass das gut ist. Die *Outbreakband* singt in einem der neueren Songs die Worte: „Ich brauch dich mehr, mehr als je zuvor." Dieses Gebet teile ich aus ganzem Herzen. Ja, auch ich brauche Jesus mehr als je zuvor. Ohne ihn kann ich nichts tun. Ohne ihn will ich auch nichts mehr tun. Jesus ist das Schönste, was uns Menschen passieren kann. Und wenn ich mir wünsche, dass Jesus in meinem Leben sichtbar werden soll, dann sollte ich ihm auch Platz geben. Dann sollte ich aus dem Mittelpunkt meines Lebens treten, um Raum für ihn zu schaffen. Es liegt in meiner Hand, ob in meinem Leben Jesus sichtbar wird oder ich selbst. Das klingt vielleicht ein wenig vermessen, aber es ist wahr: Jesus will jedes Leben mit seinem Licht erleuchten und er will in jedem Leben Raum einnehmen. Aber er drängt sich niemals auf – stattdessen antwortet er auf die Einladung unseres Herzens, in unser Leben einzuziehen.

Willst du, dass Jesus dein Leben ganz neu mit seinem Licht erfüllt und in deinem Leben sichtbar wird? Wünschst du dir, in Verbindung mit Jesus ewige Frucht zu bringen, die wirklich über dein Leben hinaus Bestand hat? Bist du bereit, deine ungesunde Kontrolle loszulassen, damit Jesus in Freiheit wirken kann und auch du selbst dadurch eine neue Freiheit erfährst?

Wenn du das willst, dann bete doch mit mir:

Jesus, es tut mir so leid, dass ich gedacht habe, es würde auf mich und meine Leistung ankommen. Es tut mir leid, dass ich versucht habe, mein Leben aus eigener Kraft zu führen. Das will ich nicht länger. Vielmehr will ich eng verbunden mit dir leben. Ich wünsche mir, dass du immer mehr Raum in mir einnimmst. Ich weiß, dass nur du all das hast und bist, was wir Menschen brauchen. Auch ich. Ich will in Verbindung mit dir bleiben, und nur dadurch wird eine Frucht in meinem Leben wachsen, die nie vergeht. Amen.

Hand aufs Herz

- Bist du im Stillen (oder nicht so Stillen) eine Weltretterin oder ein Weltretter?
- Was würde passieren, wenn du diese Rolle wieder Jesus überlässt?
- Glaubst du, dass Gott die Welt und auch dein persönliches Leben in den Händen hält?
- Wie viel mehr Frucht könnte entstehen, wenn du die Kontrolle über dein Leben und dein Tun an Jesus abgeben würdest?

»Um frei zu werden, muss ich mich an Jesus Christus wenden. Um frei zu bleiben, muss ich jeden Tag in der Abhängigkeit von ihm leben.«

Hans Peter Royer

Liebe
deinen
Nächsten

Mit offenen Herzen

Meine Tochter, hab keine Angst!
Dein Glaube hat dich geheilt.

Matthäus 9,22 (Neues Leben)

Jesus hat sein Leben gegeben, um Herz und Seele der Menschen zu heilen und ihnen neues Leben zu schenken. Als er zu seiner Mission „Erdenrettung" aufbrach, um unter uns zu leben, waren sein Fokus wir Menschen. Er wohnte unter uns. Nein, er war nicht mal kurz für paar Wochen auf der Durchreise, er blieb, um uns Menschen in unseren Bedürfnissen zu begegnen, uns nachhaltig zu prägen. In den Evangelien können wir immer wieder davon lesen, dass Jesus sich für die Menschen Zeit nahm. Er war verfügbar. Er war präsent. Er war ansprechbar. Er hatte Zeit, mit den Kindern zu spielen. Und er hatte genauso Zeit, Menschen zu heilen. Er hatte Zeit, seine Jünger auf das vorzubereiten, was ihm und ihnen bevorstand, und auch dafür, einfach nur mit ihnen zusammen zu sein. Wenn ich mir vorstelle, Jesus würde wie so viele Menschen heutzutage mit einem Smartphone in der Hand durch die Straßen schlendern, fast mit jemandem zusammenstoßen, den er nicht hat kommen sehen, weil er so abgelenkt ist: irgendwie ein sehr seltsames Bild, so völlig unpassend für Jesus, wie die Bibel ihn uns beschreibt und von ihm erzählt.

Und es war ja nicht so, als hätte er nie Stress gehabt. Von außen betrachtet war sein Leben auf alle Fälle „stressig" – er hatte jede Menge zu tun. Seine Ideenliste, Gutes zu tun, wahrscheinlich ellenlang. Die Anforderungen und Wünsche der Menschen an ihn grenzenlos. Auch sein eigentlicher Auftrag war ihm jederzeit präsent. Und so erlebte auch er chaotische Alltagssituationen, in denen eben nicht alles nach Plan verlief und alles ordentlich abgearbeitet werden konnte:

Jesus befindet sich gerade im angeregten Austausch mit den Jüngern von Johannes dem Täufer, als er von einem Vorsteher der Synagoge vermutlich unter Tränen darum gebeten wird, seiner kleinen Tochter zu helfen, die im Sterben liegt. Jesus lässt sich von dieser emotionalen Bitte berühren, willigt ein, dem Synagogenvorsteher Jaïrus zu helfen, und bricht gemeinsam mit seinen Jüngern sogleich auf.

Eine sicher aufwühlende Situation für die gesamte Gruppe, die sich einen Weg durch die Stadt bahnt. Aber Jesus lässt nicht zu, dass die Hetze sein Herz erfüllt und er unter Druck immer schneller geht und die Menschen zur Seite schiebt, um möglichst schnell ans Ziel zu kommen. Er ist offen und voller Zuneigung für die Menschen, die ihm begegnen. Denn plötzlich spürt er, dass jemand vertrauensvoll sein Gewand berührt. Er dreht sich um und sieht eine Frau vor sich, die seit vielen Jahren unter Blutungen leidet, was bedeutet, dass sie in den Augen der jüdischen Gesellschaft unrein ist. Er nimmt sich die Zeit, ihr zu sagen: „Meine Tochter, hab keine Angst! Dein Glaube hat dich geheilt“ (Matthäus 9,22; NL).

Er ist nicht gehetzt oder verschließt sein Herz – er bleibt offen für die Menschen in seinem Umfeld. Ja, er entscheidet sich dafür, präsent zu sein und den anderen voller Liebe zu begegnen. So hinterlässt er viele bleibende Spuren im Leben vieler Menschen.

Und das endet nicht mit seinem Tod – er wirkt heute noch genauso liebevoll unter den Menschen – durch uns, wenn wir offen sind für unsere Mitmenschen und für das, was er tun will. Aber genau darin besteht die große Herausforderung: Wer hat heute noch Zeit für andere? Wer ist empfänglich für die Not von anderen? Wer hat ein offenes Herz in der Begegnung mit anderen? Ja, vielleicht theoretisch, schließlich wissen wir, wie wichtig Gott Nächstenliebe ist, und wir wollen unsere Mitmenschen ja auch gern lieben. Aber das fällt uns nicht einfach in den Schoß. Nächstenliebe passiert nicht einfach aus Versehen. Für Nächstenliebe braucht es ein entsprechend ausgerichtetes Leben, ein Leben, in dem Raum für den Nächsten ist. Wenn ich keine Zeit habe, dann habe ich auch keine Zeit für Nächstenliebe. Wenn ich meinen Mitmenschen mit Liebe und Zuneigung begegnen will, dann brauche ich die innere Bereitschaft, mich unterbrechen zu lassen. Ja, ich muss bereit sein, meine „vielen und wichtigen Dinge" zu pausieren, um mich um meinen Nächsten zu kümmern. Ich brauche diese Aufmerksamkeit für meine Mitmenschen, muss von mir wegschauen, um den anderen wirklich wahrzunehmen.

Eine Spannung, die ich selbst nur allzu gut kenne. Ich liebe es, Zeit mit Menschen zu verbringen, und blühe dann regelrecht auf. Ich lerne gern neue Leute kennen, höre zu, bin für andere da. Gleichzeitig will ich aber auch etwas „schaffen", wie man so schön sagt. Ich habe meine Projekte, meine To-dos, meine Ziele, wie wohl die meisten Menschen.

Es spielt keine Rolle, ob man im Beruf gerade gute Leistungen bringen will oder als Mama für die eigenen Kinder sorgt oder sogar beides gleichzeitig versucht: Es gibt immer viel zu tun. Ich denke, dass die sozialen Medien hier noch für zusätzlichen Druck sorgen, weil wir all die großartigen und erfolgreichen Leben um uns herum von ihrer schönsten Seite bewundern können. Dagegen scheint unser normales echtes Leben recht wenig anziehend und reizvoll zu sein. Also geben wir noch mehr Gas, um mithalten zu können. Der innere

Druck nimmt zu und damit auch die Rastlosigkeit und die Hetze. Man dreht sich nur noch um sich selbst und die täglichen und wöchentlichen To-dos und denkt, das Leben sei dann wertvoll, wenn man möglichst viel von der Liste abgearbeitet habe. Menschen dagegen werden in diesem stressigen Alltag zu „Störfaktoren".

Aber so gut die Dinge auch sind – ich glaube nicht, dass der unbedingte Erfolg dieser Äußerlichkeiten zu einem erfüllten Leben führt. Ich glaube, ein erfülltes Leben finden wir dann, wenn wir uns von diesem Druck befreien und damit auch von den Ideal- und Wunschbildern, wie man gern von anderen wahrgenommen und gesehen werden will. Nur so können wir ein authentisches Leben führen, in dem dann auch Platz ist für andere. In dem es nicht in erster Linie darum geht, alles perfekt und super zu schaffen, sondern vielmehr darum, den Nächsten zu lieben und wahrzunehmen. Die eigenen Kinder zu spüren, ihnen ehrlich und echt zu begegnen. Dem Ehemann nicht einfach nur den Stress des Alltags vor die Füße zu knallen, sondern ihm liebevoll in die Augen zu blicken und ihn zu fragen, wie sein Tag war. Sich beim Einkaufen Zeit zu lassen, um nicht gehetzt an der Kasse zu stehen, sondern die Einkäufe in Ruhe und mit einem Lächeln in den Wagen zu packen. Wenn wir die Menschen um uns herum spüren und nicht einfach wie Roboter aneinander vorbeilaufen wollen, dann braucht es Zeit. Mit Zeit hält Ruhe Einzug und damit die Bereitschaft, andere Menschen wahrzunehmen und ihnen wirklich offen zu begegnen.

Das unersättliche Streben nach Geld, nach einem perfekten Leben, nach einem perfekten Haushalt, nach einer perfekten Ehe löst so viel Druck in uns aus. Lass ihn los – und spüre, wie dein Herz wieder frei wird zu lieben. Das Leben wird so viel schöner, wenn es vom Druck befreit wird.

Ich muss ganz ehrlich gestehen, dass ich selbst da auch noch auf dem Weg bin. Ich will verfügbar sein und ein offenes Herz für die Menschen um mich herum haben. Gleichzeitig gibt es aber auch die Zeiten in meinem Leben, in denen ich am liebsten alle Türen und Fenster schließen würde, weil ich gerade an einem Buch arbeite oder einen Vortrag vorbereite oder irgendetwas anderes „ganz Wichtiges“ mache. Ich kenne diese Momente sehr gut: Mein Handy klingelt, und ich habe keine Lust dranzugehen, weil mir ja dann 15 Minuten meiner wertvollen Zeit geklaut werden. Irgendwie traurig: Menschen werden zu Störfaktoren im eigenen Universum. Ich habe mich entschieden, hier bewusst neue Wege zu gehen und mich auf Unterbrechungen einzulassen, mich vielleicht sogar darüber zu freuen.

Gerade heute in einer Zeit der Digitalisierung braucht unsere Welt Menschen, die im wahren Leben verfügbar sind. Die da sind. Die zuhören und lieben. Die im Geschäft nicht gehetzt an anderen vorbeilaufen und dabei möglichst niemanden anschauen wollen, sondern die auch mal mit Menschen im ganz gewöhnlichen Alltag in Kontakt kommen, kurz weiterhelfen, ein Lächeln schenken, eine kleine schöne Begegnung zulassen. Und ja, das ist nicht immer einfach. Während ich diese Worte schreibe, bin ich mir bewusst, dass es auch anstrengende Menschen gibt, dass die Lasten anderer auch mich belasten können. Entspannter ist es da doch, die Fenster und Türen zu schließen und sich auf die eigenen Projekte zu konzentrieren, oder?

Ja, das ist es wohl. Aber das ist nicht das Leben, wie Jesus es uns vorgelebt hat. Er hatte ebenfalls wichtige Projekte – sehr wichtige Projekte. Und diese hat er auch verfolgt, genauso wie wir fleißig und treu Projekte und unsere täglichen Pflichten verfolgen dürfen. Aber dennoch war er für die

Menschen verfügbar, die ihm begegneten. Das Gute ist, dass er uns damit nicht alleinlässt, sondern die praktische Liebe für andere Menschen in uns bewirken will, wenn wir das zulassen. Er will seine Liebe in uns hineingießen, die wir dann einfach weitergeben dürfen. Wir müssen also keine Liebe aus uns „herausquetschen", sondern dürfen aus Gottes Überfluss an Liebe schöpfen.

Wenn unsere Herzen von dieser Liebe überfließen, bekommen wir immer wieder Eindrücke, wo wir Menschen etwas Gutes tun können. Gott schenkt uns Impulse, wie wir andere Menschen mit seiner Liebe begegnen können. Dabei spielt es keine Rolle, ob wir uns einfach mal spontan zwei Stunden um das Baby einer Freundin kümmern oder eine Karte schreiben oder jemanden auf einen Kaffee einladen. All diese Dinge, die wir aus Gottes Liebe für andere Menschen tun, können im Leben von anderen so viel Veränderung bewirken. Es sind Momente für die Ewigkeit, weil sie bleibende Spuren hinterlassen. Wie wichtig da der einzelne Moment war, muss und kann ich nicht bewerten. Ich darf aber investieren – aus Gottes Liebe heraus –, und das bringt Frucht in meinem Leben und in dem von anderen.

Letztens spielte ich mit meinen zwei kleinen Neffen ganz ausgelassen auf dem Spielplatz. Ich saß mit den beiden im Sandkasten und backte fleißig Ananastörtchen. Später legten wir einen kleinen Garten an und pflanzten Blumen, danach picknickten wir gemeinsam. Es war einfach eine tolle Zeit. Ich kam so überglücklich und erfüllt nach Hause. Früher habe ich mir für diese schönen Momente als Tante kaum Zeit genommen. Schließlich gab es ja so viele deutlich „wichtigere" Dinge, als mit meinen Neffen zu spielen. Ist das wirklich so? Ist es wirklich so viel wertvoller, auf der Bühne zu stehen und Frauen zu ermutigen? Oder ist es nicht vielmehr so, dass alles wichtig und wertvoll ist? Ich verstehe heute immer mehr, dass die kleinen Dinge groß sind und die großen Dinge manchmal kleiner, als ich dachte. Was nicht heißt, dass sie nicht wichtig sind, nein, auf keinen Fall. Aber sie sind nicht so viel wichtiger, als mit meinen Neffen zu spielen. Alles darf einen Platz in meinem Leben haben und alles ist zu seiner Zeit relevant. Schade ist es nur, wenn ich all diese „kleinen Dinge" in meinem Leben verpasse, die mir so viel Freude und Leben schenken, weil ich permanent in „wichtiger Sache" unterwegs bin. Gott gebraucht auch diese kleinen Momente im Alltag, die niemand sonst wahrnimmt, und schenkt Frucht für die Ewigkeit.

Lass uns deshalb mit offenem Herzen für andere durch unseren Alltag gehen. Den anderen sehen, wahrnehmen, ermutigen, stärken. Ein Kompliment schenken oder ein Lächeln, ein Gebet, eine Umarmung. Es sind die ganz kleinen Dinge, die so bedeutungsvoll sein können. Es sind die ganz kleinen Dinge, die Spuren der Liebe in den Herzen der anderen hinterlassen. Und darauf kommt es doch an, oder?

Hand aufs Herz

- Bist du verfügbar für die Menschen in deinem Umfeld?
- Bist du bereit, dich von Menschen unterbrechen zu lassen?
- Genieße die unverhofften Momente, in denen du zum Segen für andere wirst.

»Wer meint, seine Zeit sei zu kostbar, als dass er sie mit Zuhören verbringen dürfte, der wird nie Zeit haben für Gott und den Bruder, sondern nur immer für sich selbst, für seine eigenen Worte und Pläne.«

Dietrich Bonhoeffer

Geben macht glücklicher als Nehmen

Sorgt euch nicht um euer tägliches Leben – darum, ob ihr genug zu essen, zu trinken und anzuziehen habt. Besteht das Leben nicht aus mehr als nur aus Essen und Kleidung?

Matthäus 6,25 (Neues Leben)

Jesus lädt uns ein loszulassen: die Sorge um unser tägliches Leben. Die Sorge darum, ob wir versorgt sind oder nicht. Er sieht unsere verkrampften Hände, die sich an Dinge klammern, und dass wir uns trotz unseres Reichtums Gedanken darüber machen, ob es genug sein wird und ob wir unseren Lebensstandard und -stil behalten können. Die Sorge um das tägliche Leben kann das Herz eng werden lassen. In seiner Bergpredigt spricht Jesus in dieser Hinsicht sehr konkret in unseren Alltag hinein: „Sorgt euch nicht um euer tägliches Leben – darum, ob ihr genug zu essen, zu trinken und anzuziehen habt. Besteht das Leben nicht aus mehr als nur aus Essen und Kleidung?“ (Matthäus 6,25; NL). Er spricht hier exemplarisch zwei Bedürfnisse an, die uns ganz nah sind: das Essen, das wir durch unseren Mund zu uns nehmen, und die Kleidung, die auf unserer Haut liegt. Er kommt uns also so nah, wie es nur geht, und sagt: „Komm, ich will dir die Sorge um deine Grundbedürfnisse abnehmen. Ich will für dich sorgen.“

Dabei wird er poetisch und deutet auf die Vögel, die am Himmel ihre Kreise ziehen. Sie werden von Gott versorgt und müssen sich keine Sorgen machen, ob es morgen noch Würmer gibt. Dann zeigt er auf die duftenden Lilien auf dem Feld. Sie blühen prachtvoll – ohne dass sie sich Gedanken darüber machen, ob die Nachbarblume hübscher ist oder es morgen früh wieder klappen wird, die Blüten zu öffnen. Wenn schon für die Tiere und Pflanzen Gottes Versorgung gesichert ist, wie viel mehr wird er dann für uns Menschen sorgen, die er als seine Ebenbilder erschaffen hat?

Gott will uns diese Last abnehmen – aber die Frage ist, ob wir ihm glauben und ihm unser Vertrauen schenken. Sind wir bereit, den Klammergriff um unsere Besitztümer zu lösen und uns von Gott versorgen zu lassen, oder denken wir, dass wir unsere Versorgung lieber selbst in die Hand nehmen sollten?

Ich habe den Eindruck, dass die Antwort darauf großen Einfluss auf unser Leben hat – darauf, ob wir unsere Hände und Herzen vor den Nöten der anderen verschließen oder uns öffnen und bereit sind zu teilen.

Wenn ich mich ehrlich in meinem Leben umschaue, muss ich erkennen, dass am Ende wirklich alles ein Geschenk ist. Ich konnte mir das Leben nicht selbst schenken – Gott wollte, dass ich lebe. Auch hat er mir einen Körper geschenkt, der wundervoll funktioniert: Ich kann laufen, sehen, hören, schmecken, fühlen, schwimmen und so vieles mehr. Meine Begabungen und meine Persönlichkeit – ein Geschenk von ihm. Auch hat er mir Beziehungen und Freundschaften geschenkt: mein geliebter Ehemann, meine Familie, meine Freunde – ich konnte sie nicht zum Leben erwecken; Gott wollte, dass sie leben. Auch unsere Gemeinde, in der wir uns so wohlfühlen, ist ein Geschenk. Ähnliches gilt für meine Aufgaben – das Bücherschreiben und die Vorträge. Dann über das sichtbare Leben hinaus: die Herzensbeziehung zu Gott, die durch den

Tod und die Auferstehung von Jesus möglich geworden ist. Das ewige Leben, das mir die Sprache verschlägt. Die Freiheit, die ich durch Jesus habe, und so viel mehr. Alles Geschenke von Gott. Jeder Cappuccino, jedes Brötchen, jeder Saft, jeder Apfel – alles Geschenke von Gott.

Wenn ich all diese wertvollen Geschenke betrachte und begreife, dass ich mir nichts verdienen konnte, kann ich nicht einfach alles hamstern und die Nöte meiner Mitmenschen ignorieren. Ich glaube, dass tief in unserem Herz viel Gier lauert. Doch wenn wir uns bewusst machen, dass uns alles nur anvertraut wurde, dann dürfen wir unsere Gier nach „immer mehr" und unsere Sorge, nicht versorgt zu sein, ablegen und können anfangen, mit Menschen zu teilen. Großzügig zu teilen.

Wenn es um die Versorgung körperlicher Bedürfnisse geht, kommt mir natürlich die wunder-volle Brotvermehrung der weit über 5000 Menschen in den Sinn, von der wir in einigen Evangelien lesen können. 5000 Menschen sind schon eine gewaltige Anzahl – und dabei wurden ja nur Männer gezählt, die größtenteils sicher auch noch ihre Ehefrau dabeihatten und vielleicht noch ein Kind oder auch zwei. Jesus sieht diese vielen Menschen und ihm liegen ihre geistlichen Bedürfnisse am Herzen – aber auch ihre körperlichen. Er sucht nach Möglichkeiten, wie er ihnen helfen kann. Dabei – und das finde ich irgendwie cool – lässt er nicht einfach Brot vom Himmel regnen, obwohl er das sicher jederzeit tun kann. Stattdessen arbeitet er mit einem kleinen Jungen zusammen, der einen Korb mit fünf Broten und zwei Fischen dabeihat und vielleicht gerade vom Einkaufen kommt und eher zufällig über diesen Mega-Straßenevent stolpert.

Wir erfahren nicht, ob der kleine Junge sich gemeldet hat oder ob die Jünger einfach in sein Körbchen geschaut und

Jesus mitgeteilt hatten, was sich darin befand. Diese Details wären spannend – aber auf alle Fälle war der Junge bereit, den Inhalt seines Korbes abzugeben. Interessant wäre auch zu erfahren, was seine Mutter wohl später gesagt hat. Aber auch dazu gibt es keine Informationen in der Bibel. Doch vermutlich wird sie so stolz auf ihn gewesen sein, denn vielleicht hat sie ihn ja in Sachen Großzügigkeit geprägt. Er gibt auf jeden Fall seine fünf Brote und die beiden Fische ab – und sieht dann staunend zu, was Gott daraus macht. Am Ende isst tatsächlich jeder Gerstenbrot und Fisch – das, was der Junge zuvor eingekauft hat. Er ist also am Ende in gewisser Weise Gastgeber. Jesus lässt nicht Brot vom Himmel regnen, er arbeitet mit dem, was schon da ist. Genial, oder?

Diese Zusammenarbeit zwischen Gott und Mensch finde ich sehr faszinierend. Gott versorgt die Menschen, aber er arbeitet sehr oft mit dem, was Menschen ihm zur Verfügung stellen. Er beschenkt uns überreich, genauso wie wir auch als Beschenkte Gaben weitergeben dürfen. Gott lädt uns ein, das, was wir geschenkt bekommen, in offenen Händen zu halten und freigiebig damit umzugehen. Egal, ob es nun um fünf Brote und zwei Fische geht oder unsere Spende für ein Patenkind in Indien. Wir dürfen das, was wir von Gott geschenkt bekommen haben, dankbar annehmen, sollten uns aber nicht daran klammern, sondern bereit sein, wieder loszulassen. Dadurch werden wir vielleicht Zeugen, wie Gott im Leben von anderen Menschen etwas verändert. Sie werden satt. Getröstet. Ermutigt. Gestärkt. Unsere Großzügigkeit verändert das Leben von anderen zum Positiven.

In Apostelgeschichte 20,35 (Hfa) wird Paulus mit den Worten zitiert: „Geben macht glücklicher als Nehmen." Wenn wir großzügig sind, macht das den Beschenkten glücklich und uns selbst ebenfalls. Unser Herz wird weit und entspannt sich.

Geben befreit von der Sorge, für das eigene Wohl selbst verantwortlich zu sein. Wenn wir geben, rufen wir uns in Erinnerung, dass wir von Gott versorgt werden und deswegen angstfrei geben dürfen. Gleichzeitig unternehmen wir etwas gegen die Habgier, die unser Herz und unser Leben ganz schön eng machen kann. Oder um es mit Paulus zu sagen: Geben macht glücklich.

Menschen, die nach*hall*tig leben, sind bereit zu geben: Geld, Zeit, Kraft und manchmal auch das Leben. Sie begreifen, wie viel Segen im Geben liegt. Wie viel Gutes entstehen kann, wenn man loslässt. Und wie viel Gott aus kleinen Gaben machen kann, die wir ihm zur Verfügung stellen. Und genau das können wir in vielen Biografien lesen, die uns inspirieren und tief berühren.

Ich denke da zum Beispiel an Georg Müller, der ein Herz für Waisenkinder hatte. Am Anfang seiner Arbeit finden in seinem Haus 30 Kinder ein Zuhause. 30 Kinder, die wieder Sicherheit erfahren dürfen und in einem warmen Bett schlafen können. Doch die Häuser werden größer. 30 Jahre später leben über tausend Kinder in seinen Waisenhäusern. Was gab ihm die Kraft und die Ressourcen, den Kindern so viele Jahre und auch so treu zu dienen? Er baute auf Jesus – deshalb war das möglich. Müllers Arbeit lebte von Spenden, ohne dass jemals ein Spendenaufruf veröffentlicht wurde, weil er darauf vertraute, dass Gott für alle notwendigen Spenden sorgen würde. Er stellte Gott das zur Verfügung, was da war, und Gott vermehrte seine Gabe, und immer mehr Menschen wurden satt.

Aber auch ich lebe meine Geschichte mit Jesus Christus. Auch durch meine Geschichte kann viel passieren, wenn ich mein Herz und meine Hände öffne und weitergebe – im Glauben und im Vertrauen darauf, dass er mich versorgt. Und weil er sich um mich kümmert, darf ich geben: Geld, Zeit, Leben. All das, was ich von Gott geschenkt bekommen habe, darf ich geben. Ich darf und will mein kleines Leben in Gottes Hände legen und mich dann davon überraschen lassen, was Gott daraus machen wird. Ja, er kann dadurch so viel bewirken. Das erleben zu dürfen, dabei sein zu dürfen – das erfüllt mein Herz mit tiefer Ehrfurcht und Freude.

Hand aufs Herz

- Klammerst du dich an deine Besitztümer, deine Finanzen, an dein Leben, deine Gaben – oder hast du alles vertrauensvoll in Gottes Hände gelegt?
- Hast du schon einmal erlebt, wie viel Freude es macht, freigiebig zu sein? Probier's doch einmal selbst aus, und erlebe, wie Gott dich wieder großzügig versorgt.

»Durch Gottes Gnade sehen meine Augen nicht auf die leeren Vorratskammern und das leere Portemonnaie, sondern auf die Reichtümer unseres Herrn allein.«

Georg Müller

Von Generation zu Generation

Lasst die Kinder zu mir kommen. Haltet sie nicht zurück! Denn das Himmelreich gehört ihnen.

Matthäus 19,14 (Neues Leben)

Die Übergabe des Staffelstabs von einer Generation an die nächste: eine besondere und auch heikle Angelegenheit. Vor allem dann, wenn die ältere Generation sich an den Staffelstab klammert und damit die Gelegenheit verpasst, die nächste Generation zu segnen, freizusetzen und zu stärken. Dieses Szenario sieht man gar nicht mal so selten. Und tatsächlich macht es mich traurig, solche unschönen Übergänge mitzuerleben. Das Ende vom Lied ist dann, dass die neue Generation nicht die Freiheit bekommt, zu gestalten und die Verantwortung zu übernehmen, weil die ältere Generation nicht loslassen kann. Dadurch verlässt dann vielleicht der motivierte Nachwuchsleiter die Gemeinde oder Organisation und der ältere Leiter ist mit dem Problem konfrontiert, wie es jetzt weitergeht. Und im schlimmsten Fall ist dann sogar die nächste Generation „schuld“ an dieser prekären Situation, statt dass der ältere Leiter selbstkritisch das eigene Handeln reflektiert.

So viel schöner ist es, wenn die neue Generation wahrgenommen wird – auch ihre Gaben und ihr Potenzial – und man ihr den Freiraum schenkt, sich zu entfalten, Verantwortung zu übernehmen. Ich kann das gerade in meiner

Kirchengemeinde sehen. Der ältere Pastor hat seine letzte Dienstetappe als Vollzeitpastor erreicht und übergibt seinen Staffelstab nun an einen jüngeren. Wie dieser Übergang abläuft, begeistert mich, weil diese besondere Phase mit so viel Freude, Liebe, gegenseitiger Wertschätzung und Anerkennung abläuft. Der nachfolgende Pastor darf in seinen Dienst starten, ohne sich gegen den älteren Pastor behaupten und für seinen Freiraum kämpfen zu müssen. Vielmehr übernimmt er den Staffelstab und darf sich der Unterstützung des älteren Pastors gewiss sein. Alles hat seine Zeit. Auch die eigene Berufstätigkeit. Wenn es an der Zeit ist zu gehen, ist es schön, wenn man einen guten Ausstieg findet, dem Nachfolger oder der Nachfolgerin die Aufgaben anvertraut und neugierig die neue Etappe des Lebens in Angriff nimmt.

Ich will damit nicht sagen, dass es immer leicht ist, einen geliebten Beruf loszulassen. Auf keinen Fall. Über die Jahre sind viel Leidenschaft, viel Liebe, viel Kraft in eine Aufgabe hineingeflossen. Da ist es nur normal und verständlich, dass durchaus manchmal auch Trauerarbeit geleistet werden muss. Aber ich glaube, dass es sehr viel über einen Menschen aussagt, wenn er seinen Platz nicht räumen kann. Hängst du unter Umständen zu sehr daran? Vielleicht brauchst du ihn sogar, um (über-)leben zu können? Definierst du dich vielleicht fast ausschließlich über deine Aufgabe? Das passiert schneller, als man denkt – ich kenne es aus meinem Leben.

Aber trotzdem gilt: Gott will unser Identitätsstifter sein. Sein Kind zu sein und darin Erfüllung zu finden und mit dem Blick auf den Himmel zu leben – das führt zu einer befreiten Identität. Wenn das unsere primäre Identität ist, können wir mit Freude loslassen und den Staffelstab an die nächste Generation übergeben. Natürlich bedeutet das nicht, dass wir nicht auch trauern und zwiespältige Gefühle empfinden dürfen.

Aber es bedeutet trotzdem, dass wir unseren Fokus klar auf Gottes Reich gerichtet haben und nicht auf unser eigenes. Gott baut sein Reich auch dann noch weiter, wenn wir unsere bisherige Aufgabe hinter uns gelassen haben – daher ist es nur gut und richtig, wenn wir bereit sind, loszulassen, um einen neuen Platz einzunehmen. Vielleicht als Ermutiger der nächsten Generation.

Ich glaube, der Blick über die Generationsgrenzen hinweg ist ungemein entscheidend für die Gemeinde Gottes, in der man Hand in Hand zusammenarbeitet und sich als Einheit begreift. Dabei ist jeder Einzelne gefragt, die nächste Generation zu sehen und freizusetzen. Das war nicht nur heute so, sondern schon zu allen Zeiten. Es gibt Beispiele, in denen die Generationen gut zusammenarbeiten, und wiederum andere, in denen man es sich gegenseitig schwer macht.

Als Jesus mit seinen Jüngern unterwegs ist, bringen Eltern ihre Kinder – also die nächste Generation – zu ihm und bitten ihn, die Kinder zu segnen. Anstatt sich darüber zu freuen, dass die Kinder Jesus nun auch persönlich kennenlernen können und eine Verbindung entsteht, werden die Jünger recht deutlich und wollen die Familien wegschicken. Sie wollen Jesus schützen, damit er seinen Zuhörern weiterhin das Evangelium predigen kann. Er soll seine Arbeit fortsetzen, und die ist in ihren Augen wichtiger, als sich mit Kindern zu beschäftigen. Aber Jesus sieht das ganz anders und unterbricht ihre Versuche, die Eltern mitsamt ihren Sprösslingen wegzuschicken. Stattdessen macht er unmissverständlich klar: „Lasst die Kinder zu mir kommen. Haltet sie nicht zurück! Denn das Himmelreich gehört ihnen“ (Matthäus 19,14; NL).

Er nimmt die nächste Generation wahr. Er gibt ihnen Raum. Er segnet sie. Er sagt sogar, dass ihnen Gottes himmlisches Reich gehört. Er wertschätzt sie auf besondere Weise.

Er weiß, dass sie für die Gesellschaft genauso wertvoll sind wie die erwachsenen Menschen – und für Gott sowieso. Und wie er mit ihnen umgeht, wird entscheidend für ihr Leben sein. Ob er ihnen gegenüber offen oder verschlossen ist und sie segnet oder Segen zurückhält, wird großen Einfluss haben.

Warum folgen wir nicht seinem Beispiel? Jede Generation braucht Menschen, die sie ermutigen, stärken, freisetzen. Menschen, die an die nächste Generation glauben und ihnen auf ihrem Weg den Rücken stärken. Das fängt schon im Kleinen an: Nehme ich das Kind in meinem Umfeld wahr? Hat es für mich eine Bedeutung? Nehme ich Kontakt auf? Fange ich ein Gespräch an? Genauso auch bei den Jugendlichen. Interessiere ich mich für sie? Höre ich zu? Frage ich nach? Dieser direkte Kontakt zwischen den Generationen ist so wichtig, wenn wir als Einheit Gottes Reich bauen wollen.

Dietrich Bonhoeffer, der lutherische Theologe, der sich im Widerstand gegen den Nationalsozialismus engagierte, schrieb den klugen Satz: „Denken und Handeln im Blick auf die kommende Generation, dabei ohne Furcht und Sorge jeden Tag bereit sein zu gehen – das ist die Haltung, die uns praktisch aufgezwungen ist und die tapfer durchzuhalten nicht leicht, aber notwendig ist."* Mich berührt diese Aussage, weil ich darin Mut und die Bereitschaft entdecke, nicht am eigenen Leben und damit am eigenen Erfolg zu hängen, sondern den Blick auf die nächste Generation zu richten und auch für sie in herausfordernden Zeiten, die Bonhoeffer in seinem Fall sogar das Leben kosteten, für die Wahrheit ein- und aufzustehen. Er lebte nach*hall*tig, weil er sich nicht um sich selbst drehte und um seine Leistung als Mensch – sondern

---

* *Widerstand und Ergebung*, DBW Band 8, Seite 36.

einen weiten Blick besaß und sich damit auch seiner Verantwortung für die nächste Generation bewusst war.

Ich glaube, es ist wichtig, eines zu begreifen, was schon der englische Prediger John Donne vor etwa 400 Jahren geschrieben hat: „Niemand ist eine Insel, in sich ganz; jeder Mensch ist ein Stück des Kontinents, ein Teil des Festlandes." Wir sind miteinander verbunden – als Generationen, als Menschen, als Gemeinde Jesu. Und genau das ist der Grund, warum ich die nächste Generation wahrnehmen, freisetzen, wertschätzen, fördern, unterstützen und für sie beten will. Sie nehmen mir nichts weg – wir sitzen doch im selben Boot und rudern in dieselbe Richtung. Gemeinsam bauen wir Gottes Reich auf dieser Erde!

Hand aufs Herz

- Wie geht es dir mit der nächsten Generation: Findest du sie schwierig oder liebst du sie?
- Kannst du irgendwo in deinem privaten, beruflichen oder gemeindlichen Umfeld ein Cheerleader für die nächste Generation sein?
- Hast du schon einmal erlebt, dass jemand aus einer älteren Generation dich gesehen, gestärkt, gesegnet, freigesetzt hat?

»Denken und
Handeln im Blick
auf die kommende
Generation, dabei
ohne Furcht und
Sorge jeden Tag
bereit sein zu gehen –
das ist die Haltung,
die uns praktisch
aufgezwungen ist
und die tapfer
durchzuhalten nicht
leicht, aber not-
wendig ist.«

Dietrich Bonhoeffer

Mit schönen Farben malen

*So gebe ich euch nun ein neues Gebot:
Liebt einander. So wie ich euch geliebt habe,
sollt auch ihr einander lieben. Eure Liebe zueinander
wird der Welt zeigen, dass ihr meine Jünger seid.*

Johannes 13,34–35 (Neues Leben)

Gerade komme ich von einer wertvollen Zeit mit meiner Mentorin Esther nach Hause. Wir haben Kaffee aus schönen Tassen getrunken, auf ihrem gemütlichen Sofa gesessen und uns über Gott und die Welt unterhalten. Ich bin so dankbar für meine Mentorin, weil sie für mich eine „wunderschöne Blume in Gottes großem Garten" ist. Sie strahlt so viel Schönheit aus – von innen und von außen – und bringt auch mich durch ihre wundervolle Art zum Strahlen. Ich bringe zu unseren Treffen meist eine Frage oder ein Thema mit, über das ich gern mit ihr reden will. Sie hört mir zu, stellt Rückfragen, ermutigt mich, gibt Ratschläge und betet für mich. Sie erinnert mich daran, dass ich persönliche Zeit mit Gott verbringen sollte, damit ich ein gutes und starkes (Glaubens-)Leben führe. Esther malt wunderschöne Farben in mein Leben, die nur sie in mein Leben hineinmalen kann. Jedes Mal gehe ich ermutigt und gestärkt nach Hause; sie tut mir gut. Ja, ich habe ihr erst heute gesagt, wie sehr ich es wertschätze, dass sie meine Mentorin ist.

Genauso malt auch mein Ehemann wunderschöne intensive Farben in mein Leben. Seine tragfähige Liebe, seine

Beständigkeit, seine Liebe zu Jesus, seine starke Verbindung mit Gott und sein Vertrauen in ihn, sein Umgang mit Leid, seine Freigebigkeit, sein Blick auf das Leben und vor allem auf die Ewigkeit – all das sind Farben, die er in mein Leben malt und für die ich so dankbar bin.

Auch meine Eltern haben mein Lebensbild mit schönen Farben geprägt. Meine Schwestern ebenfalls. Meine Freunde. Meine Arbeitskollegen. Liebe Menschen aus der Gemeinde. Und so viele mehr. Wenn ich viel Zeit mit Menschen verbringe, gebe ich ihnen Raum, Farben in mein Leben zu malen. Ja, am Ende des Tages liegt es daher auch an mir zu entscheiden, welche Farben ich in meinem Leben sehen will und welche nicht.

Natürlich machen all diese mir so wertvollen Menschen auch Fehler und sicher in der Beziehung zu mir nicht alles richtig. Da braucht es Vergebung und auch Versöhnung, um befreit weiterzugehen. Aber dennoch haben sie alle mein Leben geprägt bzw. prägen es noch, und ich bin heute die Nelli, die ich bin, weil ich mit all diesen Menschen in Verbindung stehe. Wie wir schon im letzten Kapitel gesehen haben, leben wir nicht unabhängig von anderen unser Leben. Wir hängen alle zusammen und sind miteinander verbunden. Den Menschen, mit denen ich mich verbinde, erlaube ich, mich zu prägen und ihre Spuren in meinem Leben zu hinterlassen.

Andere Menschen haben wiederum ihre Spuren in meinem Leben hinterlassen, ohne mich zu fragen oder ohne dass ich mich bewusst dafür entschieden hätte. Für die Heilung der schmerzhaften Spuren braucht es Jesus, der hier Heilung schenken kann. Ja, Jesus bleibt im gesamten Spektrum der Farben, die durch andere Menschen in mein Leben gemalt werden, derjenige, durch den negative Prägungen und

Erfahrungen aufgearbeitet und verarbeitet werden können, sodass sie in Zukunft weniger ins Gewicht fallen werden.

Aber auch neben den mir persönlich wichtigen Menschen wird mein tägliches Leben von ganz vielen Menschen geprägt und angemalt. Schon das Lächeln der Postbotin verleiht meinem Tag einen schönen Moment und damit eine schöne Farbe. Oder wenn mich jemand in der Warteschlange an der Supermarktkasse vorlässt. Wir leben in Gemeinschaft und prägen einander – auf unterschiedlich intensive Weise. Und das ist gut so – wir leben in Verbundenheit mit anderen Menschen. Der Theologe und Pastor Gordon MacDonald sagte einmal: „Wir wurden geschaffen, um Verbundenheit zu erleben: mit Gott, mit uns selbst, mit anderen Menschen in der Welt." Wir sind keine Individualisten, die losgelöst von anderen Menschen ihr Leben gestalten können. Zwar leben wir in einer Zeit, in der die Menschen viel weniger gemeinschaftlich denken und unterwegs sind als noch vor einigen Jahrzehnten. Viele glauben, dass wir uns hauptsächlich um uns selbst bemühen sollten und uns die anderen egal sein können. Aber das ist ein Irrtum. Wir sind Gemeinschaftswesen – geschaffen, um in Gemeinschaft miteinander zu leben. Wir brauchen einander!

Ja, ich glaube, dass genau das auch der Grund dafür ist, warum Gott die Gemeinde geschaffen hat. Er setzt auf das Konzept Gemeinde, weil er als der Schöpfer von uns Menschen genau weiß, wie sehr wir aufeinander angewiesen sind. In der Jesus-Nachfolge brauchen wir Ermutigung und Stärkung, und das Gleiche gilt auch für unser Alltagsleben. Gerade an Gottes Idee „Gemeinde" können wir ablesen, wie unerlässlich Gemeinschaft und Verbundenheit für uns Menschen sind. Die Gemeinschaft als Nachfolger prägt auch unsere Jesus-Beziehung. Wir lernen aneinander und miteinander, gemeinsam Jesus nachzufolgen. Durch die Gemeinschaft von so unterschiedlichen Menschen entsteht eine Strahlkraft, die in die Welt hinausleuchtet. Pfarrer Walter Hümmer, der 1948 mit seiner Frau die Communität Christusbruderschaft Selbitz gegründet hat, sagte einmal: „Die Gemeinde Gottes ist das Prisma, das Transparent, durch das Gottes Licht in die Welt aufstrahlen will." Was für ein kraftvoller Gedanke. Durch die Verbundenheit von ganz unterschiedlichen Menschen, durch die Einheit von ganz unterschiedlichen Individuen strahlt Gottes Licht in der Welt auf.

Die Kraft und die Schönheit von Gemeinschaft inspiriert auch mich dazu, meinen schönsten Teil zur Gemeinschaft beizutragen. Ich will mich als Teil von Gemeinschaft und auch von Gemeinde begreifen und nicht mit Scheuklappen durch mein Leben gehen oder mich nur um mich selbst drehen. Ich will auch selbst schöne Farben in das Leben von anderen Menschen hineinmalen. Als Künstlerin stelle ich mir vor, wie ich auf ganz vielfältigen Leinwänden schöne Farben hinterlassen kann. Mit dem tiefen Wunsch, dass die Farben auf der Leinwand auch halten, bitte ich Jesus, mir zu zeigen, wo ich mit schönen Farben ins Leben von anderen hineinmalen darf. Ich will mir darüber bewusst sein, dass mein Leben positive Auswirkungen auf das von vielen anderen Menschen hat.

Das geschieht in all den Momenten, in denen ich zuhöre, ermutige, tröste, Wertschätzung entgegenbringe, zum Essen einlade, ein Lächeln verschenke, Komplimente verteile, im Leid zur Seite stehe, für jemanden bete. Diese vielfältigen Dinge verpuffen nicht einfach, sie haben bleibenden Wert. Durch all diese Dinge präge ich die Menschen um mich herum und bringe das Schöne in den anderen zum Leuchten. Damit lebe ich bewusst mit anderen und verbinde mich mit anderen, und das macht einen Unterschied: in meinem Leben und im Leben von anderen.

Vielleicht klingt das gerade etwas entspannt. So entspannt ist es manchmal auch, aber nicht immer. Manchmal ist es ein echter Kraftakt, auf andere Menschen mit Liebe zuzugehen. Also zumindest kann ich von mir sagen, dass ich Kopfschmerzen und Müdigkeit kenne oder manchmal auch keine Lust auf Begegnungen habe. Ich kenne Zeiten, in denen ich Stress habe und dementsprechend keine „Antennen" für andere. Oder in denen mich andere schlicht und ergreifend auch belasten. Dann trotzdem mit Liebe auf sie zuzugehen, das kostet etwas: Nerven, Zeit, eine bewusste Entscheidung. Aber gerade diese Opfer, die wir für andere bringen, haben häufig eine ganz besondere Prägekraft.

Vor diesem Hintergrund muss ich an die Momente denken, in denen es *mir* nicht gut ging. Die Menschen, die dann an meiner Seite waren, haben mir geholfen, wieder zu glauben, wieder das Gute im Leben zu sehen, wieder Schritte voller Vertrauen zu machen. Sie haben hoffnungsvolle Farben in mein Leben gemalt, die in meiner Dunkelheit so viel bewegt haben.

Oder auch Jesus, der sich dafür entschieden hat, die Lasten der ganzen Welt auf seinen Schultern zu tragen und all den Schmerz und all das Leid zu besiegen – diese Tat hat eine unvergleichlich starke Farbe der Hoffnung in unser Leben hineingemalt. Damit hat er das Dunkel mit so bunten und hellen Farben übermalt – ganz neue Hoffnung ist hereingebrochen. Durch Jesus ist ganz neue Auferstehungskraft in unser Leben gekommen. Denn genauso steht es doch in Römer 8,11 (NL): „Der Geist Gottes, der Jesus von den Toten auferweckt hat, lebt in euch. Und so wie er Christus von den Toten auferweckte, wird er auch euren sterblichen Körper durch denselben Geist lebendig machen, der in euch lebt." Jesus Christus wohnt in uns und damit wohnt der in uns, der den Tod besiegt und damit jede Hoffnungslosigkeit und jede Entmutigung überwunden hat. In dem Wissen, dass der auferstandene Jesus in uns wohnt, dürfen wir voller Vertrauen und Glauben hoffnungsvolle Farben in das Leben von anderen hineinmalen.

Hand aufs Herz

- ♥ Welche Menschen malen schöne Farben in dein Leben?
- ♥ Welche Farbe hat Jesus in dein Leben gemalt?
- ♥ Welche Farben malst du in das Leben von Menschen?
- ♥ Tunke bewusst deinen Pinsel in Gottes Farbe und male in das Leben von anderen.

» Wie war es in der Urkirche? Woran haben die anderen die wahren Christen erkannt? Erkannt haben sie die Christen daran, dass sie die Liebe sahen, mit der sie einander zugetan waren. «

Mutter Teresa

Gemeinsam sind wir stark

*Die größte Liebe beweist der,
der sein Leben für die Freunde hingibt.*

Johannes 15,13 (Neues Leben)

Wenn wir ein Leben führen wollen, das Spuren hinterlässt, brauchen wir auch starke Freundschaften. Ja, ich bin davon überzeugt, dass wir Weggefährten brauchen, um ein starkes Leben zu gestalten. Gott hat uns nicht als Einzelgänger erschaffen, die sich irgendwie allein durchs Leben schlagen. Es ist sehr viel schwerer, allein klarzukommen als mit Weggefährten, die uns auch mal schützen, stützen, tragen, ermutigen, guttun.

Eine Schneeschuh-Wanderwoche in Österreich ist mir in dieser Hinsicht in Erinnerung geblieben. Wir trugen alle spezielle Schneeschuhe und natürlich auch entsprechende wetterfeste Kleidung. Und so stapften wir immer wieder durch hohe Schneemassen, die mir bis zu den Oberschenkeln reichten. Dabei lief aber nicht jeder einfach so, wie er es gerade wollte. Wir mussten uns in die Menschenkette einreihen, die von einem Guide angeführt wurde. Dieser besaß die notwendige Kondition und Kraft, sich einen Weg durch die Schneemassen zu bahnen, dem wir dann deutlich entspannter folgen konnten. Hätten wir uns selbst den Weg ebnen müssen, wäre es wesentlich anstrengender gewesen.

Wenn jemand außer Puste war und nicht mehr konnte, warteten die anderen auf ihn. Niemand wurde zurückgelassen, wir blieben als Gruppe zusammen. Auf diese Weise konnten wir dann einige Stunden später alle gemeinsam in der Berghütte den leckeren Kaiserschmarrn verdrücken und in fröhlicher und ausgelassener Stimmung den Hüttenzauber in der warmen Stube genießen.

Aber ich erinnere mich auch an einen Tag in einem anderen Winterurlaub, an dem ich mir einfach mal allein meinen Weg gesucht habe. Irgendwann war ich völlig erschöpft und orientierungslos, weil ich den Weg zurück zum Freizeitheim nicht mehr fand. Anstatt einen tollen Tag im Schnee zu verbringen, irrte ich also eher umher und bekam Angst, als die Sonne langsam unterging. Wie viel schöner und weniger beunruhigend wäre dieser Tag wohl mit Freunden verlaufen?

Ich liebe es sehr, dass Gott uns als Beziehungswesen geschaffen hat. Er ist selbst in sich schon durch und durch Beziehung. Der Vater liebt den Sohn und den Heiligen Geist, genauso wie der Sohn den Heiligen Geist und den Vater liebt. Alle stehen in liebevoller Beziehung zueinander und lieben sich gegenseitig. Aus diesem Kraftwerk der Liebe heraus werden auch wir Menschen von Gott geliebt. Er lädt uns ein in diese Beziehung und schenkt uns das von Herzen gern, was wir so sehr brauchen: tiefe Liebe. Und genauso, wie wir mit ihm in Beziehung treten, dürfen wir auch zu anderen Menschen eine Beziehung aufbauen.

Wir brauchen gute Freundschaften, um diese Wegstrecke namens Leben gestärkt zu bewältigen. Wenn ich meine Augen schließe und mir ein Leben vorstelle, in dem die für mich wichtigsten Menschen fehlen, wirkt mein Leben sehr viel kälter und auch kraftloser. Die schönen Zeiten meines Lebens wären vermutlich nur halb so schön und die schweren Zeiten doppelt so schwer. Ich wäre auf mich selbst zurückgeworfen, es läge in meiner eigenen Verantwortung, ein gutes Leben zu führen. Ja, Gott bietet uns eine starke Beziehung mit sich selbst an, in der er uns Kraft und Stärke schenkt. Aber das allein ist nicht sein Wille für unser Leben – er hat sich uns als Beziehungswesen erdacht und auch genauso erschaffen.

Das können wir auch im Leben von Jesus sehen. Er war kein Einzelgänger, sondern verband sich mit den Menschen um sich herum: mit seiner Familie, mit seinen Jüngern und mit vielen anderen, die er unterwegs traf. Mit seinen Jüngern feierte er Feste und gemeinsam veränderten sie die Welt. Am Ende gab er sein Leben für seine Freunde und wurde dadurch zu unserem Freund, der uns zutiefst liebt: „Die größte Liebe beweist der, der sein Leben für die Freunde hingibt" (Johannes 15,13; NL). Die Liebe von Jesus ist ultimativ und grenzenlos – er gab sein eigenes Leben, um uns ein neues zu ermöglichen.

Trotz allem war und blieb Gott sein erster Ansprechpartner. Er führte Jesus, und er schenkte ihm gerade auch dann Kraft, als seine Jünger schliefen. Auf Gott konnte Jesus sich hundertprozentig verlassen. Und die gleiche Erfahrung mache auch ich in meinem Leben. Auf Gott allein ist wirklich hundertprozentig Verlass. Auf ihn dürfen wir unser Leben bauen.

Und trotzdem: Wir dürfen und sollen Freundschaften aufbauen, pflegen und genießen.

Auch diese Botschaft finden wir in den Evangelien: Als Jesus die Gleichnisse erzählt, in denen es darum geht, dass der verlorene Sohn nach Hause kommt, der verlorene Groschen gefunden wird oder das verlorene Schaf wieder im Arm des Hirten liegt, da erwähnt er auch, dass anschließend alle Freunde zusammengetrommelt werden, um dieses freudige

Ereignis gemeinsam zu feiern. Selbst wenn die Feiern in diesen Bibelstellen vielleicht nicht so stark im Fokus stehen, so offenbaren sie doch, dass Christus davon ausgeht und dass es auch seinem Willen für uns Menschen entspricht, dass wir in freundschaftlicher Verbindung zueinander stehen und gemeinsam Erfolge feiern.

Aus eigener Erfahrung weiß ich aber, dass es nicht immer möglich ist, Freunde um sich zu scharen und das Gute im Leben zu feiern. Als mein Mann Christian an einer Depression erkrankte, war es das erst einmal mit dem Feiern. Das Leben führte Christian – und damit natürlich auch mich als Ehefrau – durch eine echte Wüstenzeit, die alles andere als leicht war. In diesen Zeiten konnte ich nicht viele Feste veranstalten und Leute einladen und tief in Beziehungen investieren. Wir waren regelrecht „aus dem Leben geworfen" und zogen uns streckenweise von anderen zurück. Aber selbst in diesen toughen Zeiten waren da Freunde, die uns stützten und unterstützten. Ein paar enge Freundinnen stärkten und ermutigten mich in dieser Phase. Ich kann gar nicht sagen, wie viel Kraft und Zuversicht sie mir geschenkt haben! Wie gut tat es mir, einfach mal meinen Frust zu klagen und meine Sorgen mit ihnen zu teilen! Mein Herz wurde dadurch leichter und ich fasste neuen Mut. Rückblickend bin ich so stolz auf meine Freundinnen und auch auf unsere gemeinsamen Freunde und unsere Familie, die an unserer Seite geblieben sind. Ja, ich bin zutiefst dankbar, dass wir diese dunklen und stürmischen Zeiten des Lebens nicht allein meistern mussten. Wenn man sich auch in den dunklen Stunden trotzdem manchmal sehr einsam fühlt.

Der französische Autor Antoine de Saint-Exupéry hatte eine ganz besondere Wertschätzung für Freundschaften. Er schreibt in einem Text, den man auch als Gebet lesen kann:

Du weißt, wie sehr wir der Freundschaft bedürfen.
Gib, dass ich diesem schönsten,
schwierigsten, riskantesten und zartesten
Geschenk des Lebens gewachsen bin.

Verleihe mir die nötige Phantasie,
im rechten Augenblick ein Päckchen Güte,
mit oder ohne Worte,
an der richtigen Stelle abzugeben.

Mach aus mir einen Menschen,
der einem Schiff mit Tiefgang gleicht,
um auch die zu erreichen,
*die „unten" sind.**

Mich beeindruckt, wie einfühlsam er über die Verbindungen zwischen Menschen schreibt. Er macht deutlich, dass Freundschaften Gottes Kraft und Unterstützung brauchen, damit man zur rechten Zeit dem Freund etwas Gutes tut und das rechte Wort oder die rechte Ermutigung schenkt.

In seinem wohl bekanntesten Werk *Der kleine Prinz* schreibt er: „Niemand hat sich euch vertraut gemacht und auch ihr habt euch niemanden vertraut gemacht. Ihr seid, wie mein Fuchs war. Der war nichts als ein Fuchs wie hunderttausend andere. Aber ihn habe ich zu meinem Freund gemacht, und jetzt ist er einzig in der Welt." So treffend, seine Worte berühren mich. Ja, jede meiner Freundinnen ist eine Frau, wie es Millionen weitere auf dieser Welt gibt. Aber weil wir uns vertraut gemacht haben, uns einander geöffnet haben, sind wir füreinander einzigartig und besonders. Jetzt ist

* Quelle und Übersetzer unbekannt.

es wertvoll und kostbar, die Freundschaft zu stärken, zu genießen, ihr auch Zeit und Priorität einzuräumen, damit sie blühen kann.

Und wir feiern eben nicht nur Feste miteinander. Freundschaft bedeutet, da zu sein. In allen Zeiten des Lebens. Einander durch die schönen und die weniger schönen Etappen des Lebens zu begleiten. Im Leben von einigen Freundinnen kündigen sich gerade schwere Wegstrecken an. Das nehme ich bewusst wahr, weil ich darin auch eine Aufgabe für mich erkenne: sie in diesen Zeiten nicht zurückzulassen, sondern diese Wege mit ihnen zu gehen. Gott zu fragen, was ihnen guttun könnte. Mit Worten und auch ganz praktisch zu ermutigen. Weil ich selbst die Erfahrung machen musste, wie es ist, durch eine Krise zu gehen, verspüre ich viel deutlicher den Wunsch, auch meine Freundinnen in diesen Zeiten bewusst zu unterstützen. Ich will an ihrer Seite sein, wenn sie klagen und Gott mit ihren Fragen bestürmen. Will meine Freundinnen auf der schweren Wegstrecke durch den hohen Schnee oder auch durch die Wüste begleiten. Gerade weil ich selbst eine stürmische Lebensphase hinter mir habe, merke ich, dass ich ihnen gern Tipps und Ratschläge und irgendwelche geistlichen Erkenntnisse mitgeben würde. Aber gleichzeitig will ich genau das auch nicht tun, wenn ich merke, dass es einfach nicht dran ist. Vielmehr will ich zuhören und für sie da sein. Für sie beten, wenn ich an sie denke. Sie im Gebet wirklich zu Jesus bringen, so wie die vier Freunde damals ihren Freund durchs Dach zu Jesus hinuntergelassen haben.

Es braucht viel Weisheit und auch Empathie, Menschen zur Seite zu stehen, die schwere Zeiten durchmachen. Aber genau in diesen Zeiten braucht es gute und enge Freunde, die bleiben und nicht gehen. Solche engen Freunde brauchen wir in den schweren Zeiten unseres Lebens, aber wenn wir nicht in

Freundschaften investiert haben, werden auch keine Freunde da sein, wenn wir durch die Wüste oder hohe Schneemassen gehen. Also: Feiert die Sonnenstrahlen und tankt schöne Momente, aber haltet auch miteinander die Regenwolken aus. Gerade die Regenwolkenzeiten schaffen eine tiefe Verbindung und stärken die Freundschaft. Sie sind anstrengend, und nicht immer ist es einfach, die Freundschaft in diesen Zeiten zu pflegen, aber umso wertvoller ist es, wenn man gemeinsam diese Phasen bewältigt hat.

Sei eine gute Freundin und ein guter Freund für die „Füchse", die du dir vertraut machst.

Hand aufs Herz

- Welche Freunde hast du dir „vertraut gemacht"?
- Durftest du schon mal erleben, dass ein Freund oder eine Freundin auch in schweren Zeiten an deiner Seite geblieben ist?
- Investiere in deine Freundschaften. Sie sind ein großes Segensgeschenk!

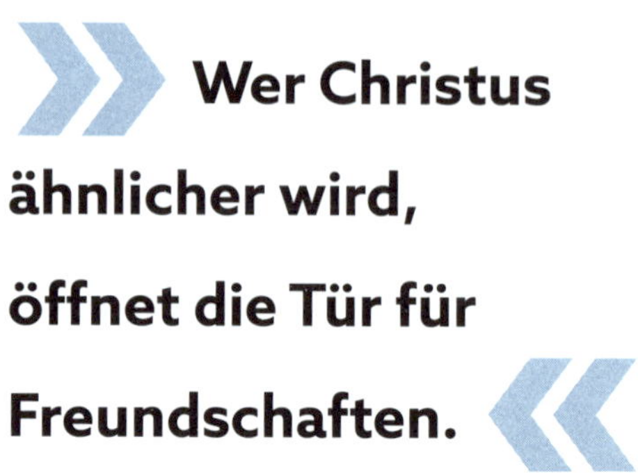

Wer Christus ähnlicher wird, öffnet die Tür für Freundschaften.

Billy Graham

Liebe verändert Leben

*Denn Gott hat die Welt so sehr geliebt,
dass er seinen einzigen Sohn hingab, damit jeder,
der an ihn glaubt, nicht verloren geht,
sondern das ewige Leben hat.*

Johannes 3,16 (Neues Leben)

Da stand ich unter freiem Himmel mitten in der Natur und gab all meine zerplatzten Träume und mein Scheitern an Gott ab. Und er? Er begegnete mir in seiner tiefen Vaterliebe. Ich spürte diese umwerfende Liebe, die mich überall da berührte, wo ich mich nackt und bedürftig fühlte. Seine Liebe umgab mich von allen Seiten, stellte meine Füße auf sicheren Grund und ließ mich wieder hoffen. Nichts musste ich in diesem Moment mehr wissen als: *Gott liebt mich. Er liebt mich ohne Ende. Er liebt mich einfach so, bedingungslos.* Ich musste an das 100. Schäfchen denken, das von der Herde weggerannt war, stur, eigensinnig. Aber der Hirte machte sich auf den Weg und suchte sein geliebtes Schäfchen. Obwohl die anderen 99 ja auch noch da waren und er sie zurücklassen musste. Aber Gott fand mich und trug mich liebevoll nach Hause – ich konnte seine tiefe Vaterliebe spüren.

Ein paar Monate zuvor: Ich verbrachte einige Stunden im Gebetshaus. Lauschte der Musik. Saß einfach mit geschlossenen Augen da. Plötzlich kullerten Tränen über meine Wangen. Ich spürte tief Gottes Liebe, der so zärtlich über die Klänge und die Atmosphäre im Gebetshaus mein Herz heilend und liebend berührte. Ich hatte keine bestimmte Herausforderung mitgebracht, war einfach nur da und ließ mich von Gott in diesem Moment lieben. Ich wollte nie wieder weg, wollte hier in seiner spürbaren Gegenwart verweilen. Was gibt es Schöneres, als geliebt zu werden? Dieser Kuss des Himmels berührte mich tief. Liebe, die mein Leben veränderte.

Aber nicht nur Gottes Liebe berührt mein Herz und verändert mich. Als ich noch ein Teenie war und mit gebrochenem Herzen und Liebeskummer mit meinem Papa in der Küche saß, nicht mehr weiterwusste, sah ich Tränen in seinen Augen. Ich sah, wie sehr er mit mir trauerte und mit mir litt. Ich spürte seine Liebe und fühlte mich gesehen und verstanden und nicht alleingelassen. Mein Papa stand hinter mir – auch in dieser schlimmen Situation. Liebe, die mein Leben verändert hat.

An diese und viele andere Momente denke ich, wenn ich an Liebe denke. Liebe verändert mich. Liebe verändert Menschen. Liebe geschieht überall da, wo ein Mensch, motiviert und getrieben von Liebe, jemand anderem begegnet und zur Seite steht. Nicht erst seit *Die fünf Sprachen der Liebe* wissen wir, dass tiefe Zuneigung unterschiedliche und vielfältige Formen annehmen kann. Mal ist es ein liebevoller Blick, mal ein Kuss, eine Umarmung, dann wieder das Zuhören, das Da-Sein. Aber Liebe kann sich auch ganz praktisch zeigen wie im Wechseln der Räder, in der Reparatur des Autos, im Kochen des Lieblingsessens oder dem geputzten Haus.

Liebe gibt mir Raum, ich selbst zu sein. Ich darf mich dem anderen zumuten. Ich werde mit meinen Schokoladen- und mit meinen Schattenseiten angenommen. In meinem Erfolg und in meinem Misserfolg. Liebe lindert den Schmerz, sie tröstet, sie baut wieder auf und lässt wieder hoffen.

Im Hohelied der Liebe wird das wunderschöne Wesen von wahrer Liebe beschrieben. Von dieser Kraft, die so unverständlich barmherzig und gütig ist. Diese Kraft, die Trost schenkt, Schmerzen lindert, Stärke verleiht, vergibt, einen langen Atem hat. Beim Lesen dieser vertrauten Zeilen werde ich von der Schönheit dieser Liebe ergriffen. Von dieser Liebe bin ich als Mensch abhängig. Ich brauche diese Liebe, um zu leben. Ich brauche diese Liebe, um zu sein. Jeder Mensch braucht diese Liebe. Ohne Liebe wird die Welt zu einem eiskalten Ort. Wenn sie keine Liebe empfangen und weitergeben, werden Menschen hart und egoistisch, nur auf sich bedacht.

Aber die Menschen, die in diese Liebe eintauchen, erleben das Wunder hautnah. Sie dürfen diese tiefe Erfahrung machen, ganz ohne Leistung und ganz ohne Mühe, ja sogar im Scheitern und im Zerbruch geliebt zu werden. Von demjenigen, der die Liebe in Person ist, der, dessen Namen das Synonym für Liebe ist – Gott!

Lass dir doch mal einige Verse aus dem 1. Korintherbrief auf der Zunge, nein, auf der Seele zergehen:

> *Die Liebe ist geduldig und freundlich. Sie ist nicht neidisch oder überheblich, stolz oder anstößig. Die Liebe ist nicht selbstsüchtig. Sie lässt sich nicht reizen, und wenn man ihr Böses tut, trägt sie es nicht nach. Sie freut sich niemals über Ungerechtigkeit, sondern sie freut sich immer an der Wahrheit. Die Liebe erträgt alles, verliert nie den Glauben, bewahrt stets die Hoffnung und bleibt bestehen, was auch geschieht. Die Liebe wird niemals aufhören.* (1. Korinther 13,4–8; NL)

So liebt Gott dich. Jetzt in diesem Moment. Und auch jetzt in diesem neuen Moment. Und jetzt. Und jetzt. Und jetzt. Und jetzt. Und auch gleich, wenn du das Buch zuschlägst. Er liebt dich über alle Maßen und leidenschaftlich, voller Euphorie und Hingabe. Er liebt dich und hat sich selbst für dich aufgeopfert.

Und weil Gott uns mit seiner Liebe überschüttet, brauchen wir keine Angst zu haben, dass unser Liebestank irgendwann einmal leer ist. Die Menschen sehnen sich nach Liebe, und deshalb dürfen wir den inneren Impulsen des Heiligen Geistes folgen, wenn er uns auf eine Liebesreise schicken will.

Einmal ging es einer Freundin von mir nicht gut, und sie buchte spontan einen Wellnesstrip, um ohne Kinder zur Ruhe zu kommen und innerlich aufzuatmen. In dieser Situation verspürte ich den Impuls, ihr eine „Mutmach-Tüte" zu packen. Ich legte ein paar nette Dinge in die Tüte und wollte noch etwas zum Lesen hineinstecken. In solchen Momenten bete ich gern, weil ich ja keine Ahnung habe, was ihr guttun würde. Da kam mir ein schönes Magazin in den Sinn, das ich schon gelesen hatte, aber eigentlich ungern aus der Hand geben wollte. Ich rang ein wenig mit mir, ob ich es wirklich verschenken sollte oder nur verleihen – aber schließlich gab ich mir einen Ruck und legte es als Geschenk in die Tüte. Nach dem Wochenende erzählte sie mir, sie hätte den Eindruck, dass Gott das Magazin extra für sie geschrieben hatte. Sie hatte nicht genau gewusst, was sie in ihrer Auszeit lesen sollte, als ich ihr kurz vor Abfahrt noch meine Geschenktüte vorbeigebracht hatte.

In diesem Moment wurde mir warm ums Herz. Gott hatte ihr durch mich etwas Gutes tun und ihr seine Liebe zeigen wollen. Diese Momente sind so kostbar, und ich war aufs Neue ermutigt, auch in Zukunft für Gottes Impulse offen zu sein. Es macht so viel Spaß, Zeichen der Liebe zu verschenken.

Die amerikanische Autorin Ann Voskamp hatte an ihrem 40. Geburtstag die Idee, an ihrem Ehrentag selbst zum

Geschenk für andere zu werden. In ihrem Buch *Durch meine Risse scheint dein Licht* erzählt sie davon: Sie packte ihre Kids ins Auto und sie fuhren los. Sie stellten eine Keksdose auf ein Polizeiauto und brachten den Beamten zum Lächeln. Sie kauften einen Apfelkuchen und brachten ihn in die Praxis ihres langjährigen Hausarztes. Im nächsten Café bezahlten sie einfach die Bestellungen der Wartenden und kauften selbst noch ein Dutzend Donuts, um sie den Mitarbeiterinnen und Mitarbeitern der Stadtverwaltung zu bringen. Ihre Jungs kauften Tennisbälle und brachten sie zum Tennisplatz. Ann legte einen Stapel ihrer Lieblingsbücher in die Bücherei. Dann stürmten sie den Supermarkt und kauften ein paar Tüten voller Lebensmittel und brachten sie zur Tafel. Später steckten sie ein paar Münzen in den Kaugummiautomaten für die Kinder, die Lust auf ein Kaugummi hatten. Das sind nur ein paar ihrer Ideen, mit denen sie nur ein Ziel verfolgten: Menschen eine Freude zu bereiten. Sie erlebten an diesem Tag hautnah, wie sie die Welt zu einem schöneren Ort machten. Ihre Liebe hinterließ Spuren, Menschen fühlten sich beschenkt und freuten sich.

Und wir kennen die Liebe in Person, Jesus Christus. Er gab sich für uns hin, und in ihm haben wir die grenzenlose Liebe, der wir immer, in jedem Moment unseres Lebens, begegnen können. In ihm finden wir überfließende Liebe, die durch uns auch andere Menschen segnen und berühren kann. Wir dürfen seine Liebe in die Welt tragen und Spuren der Liebe hinterlassen. Wenn du dir das bildlich vorstellst: Während du durchs Leben gehst, hinterlässt du Samenkörner, die Wurzeln ziehen und aufblühen werden. Oder wirfst du vielleicht mit farbenfrohem Herz-Konfetti um dich? Du kannst Zeichen der Liebe setzen, wodurch auch andere Menschen neu daran glauben, dass es noch Liebe gibt. Ja, dass es da jemanden gibt, der sie sieht und wahrnimmt. Das Schöne ist, dass du durch deine ganz praktischen Zeichen der Liebe auch auf den deuten kannst, der die Liebe in Person ist: Jesus Christus. Weil er dich zuerst geliebt hat, kannst du lieben. Aus seiner Liebe heraus kannst du lieben und Spuren der Liebe hinterlassen – auch bei denen, die du hin und wieder anstrengend findest.

Ich will mich immer mehr dafür öffnen, dass Gottes Liebe durch mein Leben andere Menschen erreichen kann. Ich will mich dafür öffnen, Spuren der Liebe zu hinterlassen.

Hand aufs Herz

- Fällt es dir manchmal schwer, andere Menschen zu lieben?
- Auf welche Weise zeigst du anderen, dass du sie liebst?
- Bist du offen dafür, dass Gottes Liebe durch dich zu anderen fließen kann?

»Wenn wir in Gottes Nähe sind, empfangen wir von ihm seine guten Gaben. Gleichzeitig werden wir in seiner Gegenwart selbst zu einer Gabe für andere.«

Ann Voskamp

Special: Wir leben (nicht) ewig!

Wir leben nicht ewig. Zumindest nicht hier auf der Erde. Weil unsere Zeit begrenzt ist, sollten wir weise leben. Mit Blick auf die Ewigkeit bei Gott, denn genau die wartet auf uns, wenn wir in liebevoller Verbindung mit Jesus leben. Ein solcher Fokus hilft uns, ein nach*hall*tiges Leben zu führen, ein Leben, das Spuren hinterlässt.

Ich finde schon allein den Gedanken, dass unser Leben im Hier und Heute ewige Spuren hinterlassen kann, faszinierend! Deshalb finde ich es auch so wichtig, mein Leben selbstkritisch unter die Lupe zu nehmen und darüber nachzudenken, welche Spuren ich eigentlich hinterlassen will. Hast du dir schon einmal darüber Gedanken gemacht? Wenn nicht, wäre heute ein guter Tag dafür.

Um dir dabei zu helfen, habe ich mir einige Fragen überlegt. Beschäftige dich einfach mit den Themen, die dich gerade berühren. Hab Mut, dich ihnen zu stellen. Gott hat dir dieses wunderbare Leben geschenkt. Nimm es, und lebe so, dass du gute (ewige) Spuren hinterlässt.

- ♥ Auf einigen Grabsteinen steht manchmal ein Satz, der die Essenz eines Lebens zusammenfasst. Was soll einmal auf deinem Grabstein stehen?

....

....

....

....

- Stell dir vor, dass Familienmitglieder und Freunde auf deiner Beerdigung Erinnerungen austauschen, die sie mit dir verbinden. Was sollen deine Lieben über dich sagen?

....
....
....
....
....
....
....

- Gibt es einen Bibeltext, der in irgendeiner Weise für dein Leben steht? Über den der Pastor auf deiner Beerdigung predigen könnte?

....
....
....
....
....
....
....

- Gibt es ein Lied, das für dein Leben steht und auf deiner Beerdigung gespielt werden soll?

....
....
....
....
....
....
....

♥ Welche Spuren möchtest du gern in dieser Welt hinterlassen?

....
....
....
....
....
....
....
....

♥ Jedes Leben hat irgendwie eine ganz eigene Botschaft. Welche Botschaft trägt dein Leben in die Welt hinaus?

....
....
....
....
....
....
....
....

♥ Würdest du sagen, dass du heute schon so lebst, wie du eigentlich leben willst?

....
....
....
....
....
....
....
....

- Während deine Lieben noch um dich trauern, wirst du schon Jesus begegnen. Wie stellst du dir deine erste Begegnung mit Jesus im Himmel vor?

- Was würdest du ihm dann gern sagen?

- Was wünschst du dir, dass er zu dir sagen wird?

Epilog

Wenn ich mir vorstelle, dass ich einmal Jesus gegenüberstehe, weckt das eine unglaubliche Vorfreude in mir. Dieser Gedanke nimmt mir auch die Angst vor dem Tod. Vielleicht ist der Tod ja doch eher wie die Reise in ein viel schöneres Leben zu dem Einen, der mich liebt. Das Aufwachen in einer viel schöneren Welt, in der es keinen Schmerz und auch kein Leid mehr gibt. Als Jesus-Liebende darf ich mich riesig darauf freuen, weil es jeder Erfahrung und jedem Erlebnis himmelhoch überlegen sein wird. Meine Oma, von der ich schon im einleitenden Kapitel erzählt habe, hatte nie Angst vor dem Tod, vielmehr erinnere ich mich gern an diesen alten Choral, den wir oft gemeinsam gesungen haben. Soweit ich mich erinnere, hat meine Oma sich immer auf den Himmel und auf das Leben bei Jesus gefreut. Heute singt sie dieses Lied schon bei Gott, falls es im Himmel dieselben Lieder gibt. Weil wir es so oft gemeinsam gesungen haben und diese Worte in meinem Herzen Wurzeln geschlagen haben, möchte ich dieses Lied ans Ende meines Buches packen. Der Himmel wird grandios – keine Frage. Aber vor allem freue ich mich darauf, Jesus zu sehen – live und in Farbe.

1. Im Himmel gibt es manches, was ich gern möchte sehn.
An Schönheit wird mein Herz sich dann erfreun.
Und wenn ich einst in Ewigkeit zum Himmel werd eingehn:
Der Erste, den ich seh, soll Jesus sein.

Ref.: Der Erste, den ich seh, soll Jesus sein,
und dann wird alles andre mich erfreun.
Anbetend werd ich stehn vor dem, der alles gibt.
Ich sehe dann den Heiland, der mich liebt.

2. *Ich sehe einst das Perlentor, es strahlt so hell und klar.*
Ich sehe einst das wunderschöne Heim.
Ich sehe einst den weißen Thron und auch die Engelschar:
Der Erste, den ich seh, soll Jesus sein.

3. *Ich sehe einst die Lieben dort in jenem Himmelsland*
Und viele, die mit mir dann ziehen heim.
So mancher wartet dort auf mich an jenem goldnen Strand:
*Der Erste, den ich seh, soll Jesus sein.**

* Text: Unbekannt; Melodie: John Willard Peterson (1957)

» Lehre uns bedenken, dass wir sterben müssen, auf dass wir klug werden. «

Psalm 90,12 (Luther)

Dankeschön

Gott, du hast so viele Spuren in meinem Leben hinterlassen. Aber so viel mehr als das: Du hast mein Leben neu gemacht und von Grund auf verändert. Deine Liebe lässt mich blühen! Deine Liebe hüllt mich liebevoll ein.

Danke, Christian, für deine Liebe. Du hinterlässt so starke Spuren von hingegebener Liebe in meinem Leben. Du liebst mich bedingungslos, und ich weiß, dass ich bei dir die sein darf, die ich bin. Du erinnerst mich daran, wer ich in Gottes Augen bin, wenn ich es vergesse, und ermutigst mich, mein Leben zur Ehre Gottes zu leben. Es ist eine Ehre für mich, gemeinsam mit dir ewige Spuren im Leben zu hinterlassen und mit Fokus auf den Himmel zu leben.

Danke, Mama, dass du so eine Löwen-Mama bist, die mich ermutigt hat, auf Gott zu vertrauen. Du liebst Jesus, trägst echte Freude in deinem Herzen und hast so oft Jesus-Worte in mein Leben hineingesprochen. Danke!

Danke, Papa, dass du deine Liebe oft auf ganz praktische Weise gezeigt hast. Du hast alles dafür getan, dass es deinen sechs Töchtern gut geht und an nichts mangelt. Du hast gemeinsam mit Mama ein Nest gebaut, in dem wir gut und sicher leben konnten, uns entwickeln und unsere Gaben entdecken durften. Du bist der beste Löwen-Papa der Welt, danke!

Danke, Oma Löwen, für deine Liebe. Du warst für mich da, hattest Zeit, hast uns Enkel so geliebt. Ich habe es immer gespürt und immer gewusst. Danke!

Danke, Opa Löwen, dass du mit uns so oft Kirschen pflücken warst und Zeit in der Natur verbracht hast. Mit dir verbinde ich so schöne Kindheitserinnerungen.

Danke, Oma Neufeld, dass du uns so oft mit tollem Essen verwöhnt hast. Du bist eine Spitzen-Köchin und bei dir ging Liebe wirklich durch den Magen. Danke aber auch für die vielen Geschichten, die du aus deinem Leben erzählt hast. Davon, wie du als junge Frau deine Mama verloren hast und trotzdem deinen Weg mit Gott gegangen bist. Wie Menschen in Kriegszeiten fest verwurzelt in Jesus (über-)leben konnten. Das hat mich tief geprägt. Danke auch für die „Badewanne voller Gebete" für meinen Zukünftigen: Gott hat eure Gebete erhört!

Danke, Opa Neufeld, dass du uns Enkel von Herzen geliebt hast. Du hast uns so oft mit dem Auto zur Schule gebracht und wieder abgeholt, warst für uns da, hast Fragen gestellt, Interesse gezeigt, dich um uns gesorgt. Du hast ein weiches Herz, was mich so oft beeindruckt hat. Ein Herz, das um Vergebung bitten kann und mitfühlt. Das wünsche ich mir für mein Leben auch.

Danke an so viele weitere wundervolle Menschen, die auch ihre Farben in mein Leben gemalt haben. Eine Seite würde dafür nicht ausreichen. Es sind sehr viele, und ich begreife, wie kostbar jeder einzelne dieser Weggefährten für mich und mein Leben ist oder war. Ich erkenne den Segen, den Gott mir durch euch alle geschenkt hat, und danke euch von Herzen!

Über die Autorin

© Christian Bangert

Nelli Bangert liebt es, Menschen in ihrem persönlichen Glauben an Gott zu ermutigen und neu herauszufordern. Das tut sie mit ihren Büchern und im Rahmen von Freizeiten und Events, auf denen sie immer wieder als Sprecherin unterwegs ist.

www.nelli-bangert.de

1. Auflage 2024
Bestell-Nr. 821 069
ISBN 978-3-98695-069-9

Umschlaggestaltung: Kathrin Steigerwald – Büro für Gestaltung
Covermotiv: Angelina Bambina/Adobe Stock
Satz: Greiner & Reichel, Köln
Druck und Verarbeitung: FINIDR
Printed in Czech Republic

www.gerth.de